LUXURY PROPERTY

1억으로
100억 만들기
프로젝트

명품부동산이
명품부자 만든다

1억으로 100억 만들기 프로젝트

초판인쇄	2017년 5월 22일
초판발행	2017년 5월 29일

지은이	이기동
발행인	조현수
펴낸곳	도서출판 더로드
마케팅	최관호 조원호 신성웅
표지&편집 디자인	오종국 Design CREO
삽화	서설미

ADD	경기도 고양시 일산동구 백석2동 1301-2
	넥스빌오피스텔 704호
전화	031-925-5366~7
팩스	031-925-5368
이메일	provence70@naver.com
등록번호	제2015-000135호
등록	2015년 06월 18일
ISBN	979-11-87340-33-1-03230

정가 20,000원

명품부동산이
명품부자 만든다

1억으로
100억 만들기
프로젝트

————————

이기동 지음

도서
출판 **더 로드**
The Road Books

"땅의 힘, 땅의 성질을 모르면 투자 못 한다"

땅의 잠재력을 믿고 움직이면 그만. 땅의 잠재성은 위치와 접근성,
방향감각에서 파생한다. 땅의 위치가 좋으면 당신의 미래도 맑고 밝을 게 분명하다.
땅의 힘을 믿을 때 비로서 꿈을 현실로 승화시킬 수 있으리라 본다.

열등생과 우등생의 차이점이 무엇일까. 부동산 투자 성공자와 실패자의 차이점 또한 궁금하다. 모두가 급소가 좌우할 것이다. 급소 모색과정을 제대로 밟는 자가 성공자로 남을 것이다. 공부하는 방법과 기준, 그리고 부동산 분석 및 기준이 남다르다면 목표점에 쉽게 도달 할 수 있을 것이다. 기대감과 희망 앞에 당당히 설 수 있을 것이다. 희귀한 물건을 모색+분석하는 과정이 반드시 필요하다. 성공 지점에 도달하겠다는 열망의 맘이 있다면 말이다.

우등생의 특징은 그다지 복잡하지 않다. 교과서 중심으로 공부하되 집중력이 높다는 것이다. 집중력이 성공의 보증수표다. 분석력

또한 높다. 암기력보다 분석력에 집중한다. 분석력은 이해력과 거의 같다고 볼 수 있기 때문이다. 성공자의 특징은 어떤가. 기본을 준수하되(예–부동산공법 고수) 희소가치에 집중한다. 원칙과 변칙(변칙은 반칙과 다른 의미를 내포한다. 편법이 탈법과 불법과 상이한 것처럼 말이다)을 공유할 수 있는 능력을 가지고 있다. 공부 잘 하려는 목적과 우등생 되기 위한 목적, 그리고 부동산 투자의 최종 목적은 무엇인가. 성공적인 삶을 위해, 더 나아가 성숙한 인생을 살기 위함 아닌가. 결국, 돈은 성공의 큰 재료인 셈. 이를 적극 수용하지 않으면 안 될 것이다. 욕심 없는 인간은 단한 명도 없다. 욕심 없다고 말하는 사람은 큰 거짓말을 하고 있을지도 모를 일. 공부는 돈의 큰 원료인 법(예–변호사, 의사 등의 수입 수위는 여전히 대단하다. 수많은 범민들을 압도한다).

　　부동산의 생명은 정보. 정보는 희귀성을 지녀서다. 희귀한 물건을 모색하지 않으면 안 된다. 희소가치가 높다면 환금성과 수익성을 보장 받을 수 있기 때문이다. 희귀성은 두 가지. 사람이 몰리지 않은 곳을 선택한다. 거품과 무관한 곳을 선점하기 위한 방편인 것. 그리고 사람이 몰리지만(성능이 괜찮다 싶은) 땅 잡기 힘든 경우도 있는 데이 경우는 거품에 크게 노출된 지경. 가격 저울질을 잘 하지 않으면 거품에 희생양이 될 수도 있다.

　진정한 투자자 모형은 무엇일까. 투자자는 남다른 면을 구현한다. 투자자는 항시 남다른 면을 보유 중이기 때문이다. 어중이떠중이 아무나 투자자가 될 수 없는 까닭이기도하다. 샴페인 먼저 터트리는 자가 아니다. 김칫국부터 마시려는 자가 아니다. 안정성보다 수익성을 먼저 얘기하지 않기 때문이다. 양말을 신기 이전에 신발부터 신으려 애쓰지 않는다. 투자가 힘든 자의 행동은 어떤가. 양말보단 신발부터 신으려든다. 원칙보단 변칙부터 선택한다. 배운다. 익힌다. 전형적인 하수의 행동이 아닐 수 없다. 수익성부터 운운하니 말이다. 떡 줄 사람은 생각도하지 않는데 김칫국(수익성)부터 기대한다. 조급증을 멀리하고 침착성을 알고자 하는 투자자와 다른 방향, 다른 각도다. 컨설턴트 조언을 듣기 전에, 혹은 그를 만나기 전에 모든 핵심사안이라 할 수 있는, 중요한 점들을 정리정돈 하는 과정을 상실하면 안 된다. 정확도 높게 정밀하게 알아보고 '한 사람'에게 전속의뢰, 컨설팅 받으려 애쓰지 않으면 안 될 것이다. 뒤죽박죽, 기준을 상실하면 안 되기 때문이다. 물론, 신중한 선택이 필요한 건 당연지사다. 당연한 이치다. 여러군데 노크, 체크하는 과정에서 헷갈려 판단력과 변별력을 잃

게 되기 때문이다. 따라서 예비투자자는 공부수준에 머물면 안 된다. 일단 분석하는 자가 되어야 할 줄 안다. 투자에 관한 연구가 필요하다. 긴요한 사안이다. 개발이슈에 대해선 문제 될 게 별로 없다. 워낙 객관성이 크니 말이다. 언제나 문제가 되는 게 가격이다. 동네 중개업소나 기존 부동산 거래자를 통해, 지인, 비 전문가나 땅을 평소 잘못 인지하고 있는 자에게 확인하는 과정에서 문제점이 발현, 발견되기 마련이다. 판단력이 흐려진다. 진정한 투자자는 신뢰도 높은 진정한 컨설턴트와 1:1로 작업한다. 1:3, 혹은 1:5로 하면 투자할 수 없다. 왜냐, 중구난방으로 흐를 수밖에 없기 때문이다. 빈 수레만 요란할 뿐 바퀴가 잘 굴러가지 않는다.

땅의 힘은 어마어마하다. 땅의 힘을 믿는 자가 급증하는 이유다. 땅의 위치(방향)가 사람의 위치(신분)를 바꿔 놓을 수 있기 때문이다. 땅 팔자 시간이 문제다. 장고 끝에 악수 대신 호수 두는 경우도 많다. 용도지역이나 지목상태, 땅의 모양, 토질, 개별공시지가, 경사도, 도로의 힘 등도 중요사안이 될 수 있겠지만 투자자 입장에선 실수요자와 달리, '위치'에, 접근성에, 더 나아가 현장감과 변화속도에 집중할 필요 있다. 투자 모형은 실수요 모드와 확연한 차이점을 보이기 때문이다. 물론, 실수요가치가 투자가치로 바로 연계될 수 있지만 말이다. 실수요자가 충분히 확보된 곳에 투자한다면 안전모드를 달릴 수 있을 테니까. 실수요공간과 투자공간이 뚜렷하게 구분될 수 없지만 투자자만 집중적으로 몰리는 곳은 좀 위험하다. 거품증상만 심하게 일어난 채 사람이 몰릴 수 있는 실수요공간, 즉 각종 지상물이 들어서지 않는다면 너무 허무하지 않은가. 그저 빈 수레만 요란한 채 소문난 잔치 먹을 것 하나 없는 곳으로 전락하는 것 아니랴. 소모전은 피해야 한다. 기대감만 잔뜩 든 채 실망감만 크다면 이 역시 허무할 거다. 결국, 투자자는 급소인 핵심사안의 집중도를 높이지 못한다면 예비투자자로 평생 살아갈 수밖에 없다. 결단력이 부족하기 때문이다. 확신이 없다.

　땅의 힘, 땅의 성질을 모르면 투자 못 한다. 땅의 잠재력을 믿고 움직이면 그만. 땅의 잠재성은 위치와 접근성, 방향감각에서 파생한다. 땅의 위치가 좋으면 당신의 미래도 맑고 밝을 게 분명하다. 개발청사진이 단순히 화려함으로 끝나선 안 된다. 결과가 중요하니까. 위치가 좋으면 접근도가 높아, 그곳에서 움직이는 개발청사진의 미래가 밝다. 맑음이다. 한편으로는 개발청사진의 미래는 실수요자 손에

달렸다고 볼 수 있다. 땅의 신분 상승은 곧 지주의 운명을 바꿔놓을 키. 땅의 힘을 믿을 때 비로서 꿈을 현실로 승화시킬 수 있으리라 본다. 반드시!!

2017년 5월

저자 **이기동**

Contents | **차 례**

Chapter 03 | 명품땅의 기준을 바로 정립하라 __ 19

땅 투자자는 개발계획의 필요성과
개발진행의 필요성과 개발완료의 필요성을
필히 견지해야 할 것이다.
개발계획 때를 투자시점으로 삼는 투자자가 있고
진행 및 완료 때를 투자적기로
여기는 자가 있기 때문이다.

● ● ●

Chapter

01

명품부동산의 기본을
적극 설정하라

명품부동산의 기본을 적극 설정하라

부동산의 부가가치는 희소가치. 차별화를 생명으로 여긴다.
가격의 희소가치가 높다면 긍정적인, 희망적인 물건일 터. 긍정적 평가를 받는다.
물건 위치의 탁월함 역시 희소가치를 높인다. 환금성이 높다.

땅 投資 하기 前에…

1. **사람을 본다.** 현장답사 시, 해당지역 고정인구상태를 본다. 인구가 감소하는 곳이라면 그 이유를 따진다. 따른다. 인구가 증가하고 있다면 그 이유 역시 알아볼 주요사안. 컨설턴트의 이데올로기를 본다. 견지한다. 장사꾼인지, 진정한 전문가인지, 한방 노리는 도박꾼인지, 현실주의자인지 사람의 의지를 제대로 읽을 필요 있다. 그렇지 않다면 돈을 잃을 수도 있다.

2. **부동산을 본다.** 현장답사 시, 접근 및 현장감, 그리고 주변과의 연계성을 본다. 지적 및 임야도를 통해 법정도로 존재 여부도 파

악한다. 도로사용량(사람 및 차량이동량)도 알아본다. 놀고 있는 도로는, 장식용 도로 아니랴.

3. **나를 본다.** 지금 내가 여윳돈으로 여유시간을 가지고 움직일 만한 처지에 놓여 있는지 알아본다. 무리수 두는 순간, 시행착오 겪기 십상이다. 결국, 부동산이 곧 사람인 것. 사람과의 잘못된 인연, 관계가 곧 위험의 길로 빠질 수 있는 것이다.

땅투자는 '보는 과정'이다. 그 대상이 현장, 서류, 사람 등이어야 한다. 현장모습과 서류 내역이 크게 다르다면 문제 있다. 용도지역과 다른 모습이라면 잠재력에 앞서 불안하다. 예를 들어 도시지역이지만 맹지상태(접근도 낮은 상태)라면 불안한 것. 서류는 화려하지만 현장이 초라하다면 몹시 불안한 지경이다. 반대로, 현장 대비 서류가 불안한 경우도 위태로워 보이는 건 매한가지. 요는, 서류와 현장모습이 동일해야 한다는 점. 과거엔 잠재력의 표상인 땅에 투자를 할 때 서류위주로, 그리고 개발모토 위주로 움직였지만 지금은 다르다. 제아무리 빼어난 용도지역이라도, 개발청사진이 화려해도, 현장의 접근성이 부실하다면 잠재력에 대한 기대감은 감소하고 말 것이다.

'현장'을 보고 '사람'을 보고 '서류'를 볼 때는 어느 것 하나 옆으로 치우치는 일이 없어야 한다. 이를 테면 용도나 개발계획 등에 집착하게 된다면 거품의 희생제물이 될 소지가 있다는 것이다. 용도와 개발계획에 의해 현장이 급변할 수도, 그 반대 현상에 부딪칠 수 있어서다. 땅의 활동(활용)영역(범위=역동 혹은 미동)은 현장, 서류, 사람 등의 역할에 따라 결정되는 것이다. 시세를 만든다. 이 세 가지에 정확도 높은, 개발의 필요성이 높은 개발청사진이 더한다면(+) 최고 가치를 향할 만한 부동산과 인연을 맺을 수 있을 것이다.

땅 투자자가 반드시 해야 할 리스크 줄이기 위한 노력

땅 투자자는 개발계획의 필요성과 개발진행의 필요성과 개발완료의 필요성을 필히 견지해야 할 것이다. 개발계획 때를 투자시점으로 삼는 투자자가 있고 진행 및 완료 때를 투자적기로 여기는 자가 있기 때문이다. 결국, 땅 투자 리스크 줄이는 방도는 개발에 관한 당위성+타당성을 똑바로 견제+견지할 수 있는 능력의 소유인 것이다. 컨설턴트가 자료 정보를 제공해주면(막대한 양을 줄 터) 그 정보를 적극적으로 정독할 수 있는 능력이 필요하다. 주마간산식으로 체크+검토할 바에야 차라리 애초 수용, 관철하지 않는 편이 낫다. 시간낭비요 소모전 할 필요 있으랴. 자치단체 자체의 정보, 신문자료 등이 100% 정답, 해답이 될 수 없다. 변수 많은 게 땅 아니랴. 스릴 있다. 다이내믹한 게 땅이다. 항상 긴장감을 가져야 한다. 방심이 화를 부르기 때문이다. 개발계획이 대담하고 다양하고, 화려하다고 해서 거기에, 그 분위기에 혹하는 일은 없어야 한다. 부동산 자료는 컨설턴트가 쥐고 있지만, 투자에 관한 바른+빠른 판단력+견고한 결단력은 예비 투자자의 정신적인 몫. 컨설턴트가 할 일은, 사자 잡는, 호랑이 잡는 방법을 알려주는 것이다. 투자자는 사자, 호랑이 굴에 직접 들어가는 자이다. 컨설턴트가 강제로 등 떠밀어 집어 넣는다고 투자자가 되는 게 아니다. 겁 많은 자는 투자자가 아니다. 굴 속 조차 접근할 수 없는 미약한 용기가 문제인 것이다. 현장 가기조차 힘들어 문제다. 현장 가기를 무서워한다. 현장이 마치 사자, 호랑이 굴인 양 겁을 잔뜩 먹는다. 집투자와 땅투자의 차이점을 알고 호랑이 굴 입구에 당도해야 할 줄 안다.

현재가치를 사는 것 – 집 매수(집은 지금 당장 활용가치를 맛 볼 수 있기 때문. 즉 건폐율과 용적률에 관한 결과치, 성적표가 나온 지경 아니랴)

꿈에 투자하는 과정 – 땅 투자행위(예-장밋빛 꿈, 잘 그려진 개발청사진과 조감도)

부동산 통해 팔자 바꿀 만한 요인들

용도지역이나 지목, 접근성이나 현장감 등은 부동산 운명과 격을 함께 한다. 이 중 접근성이 우선순위다. 접근성이 떨어지는 용도지역도 존재하기 때문이다. 절망적인 맹지상태의 도시지역(예–자연녹지지역)도 허다하다. 접근성이 높은 곳의 용도지역은 팔자가 바뀔 확률이 높아 많은 투자자들로부터 환대 받는다. 가령, 대규모 계획관리지역 내 소규모, 소형 농림지역의 경우 차후, 관리지역 세분화 대상이 될 가능성이 농후하다. 과거의 부동산과 작금의 부동산이 다른 건, 개발의 필요성일 터. 과거, 전체인구가 증가하고 있을 때는 개발이 절실했다. 1기 신도시 활용가치가 높은 이유가 바로 여기에 있는 것이다. 과거엔 신도시를 필요로 했다. 그러나 현재는 인구감소세에 시달리며 공급과잉의 광풍도 우려의 대상이 되고 있기 때문에 개발의 필요성에 집중할 필요 있다. 투자법과 형식의 전환이 필요한 이유다.

과거 – 용도지역과 지목으로 접근성과 현장감을 감지, 관철했다.

현재 – 접근성으로 현장감을 감지하는 입장. 용도지역과 지목의 효율성을 극대화 하는 원동력이 바로 접근성이기 때문이다. 즉 도로상태가 부실한 지경에선 용도지역자체가 무용지물이 될 수 있는 것이다. 용도지역이 접근성을 대변할 수 없으나 접근성은 용도지역 및 현장감을 직접적으로 대변할 수 있다. 지목이 접근성을 대변할 수는 없다. 대지와 대지 위치가 반드시 접근성이 높은 곳에 존속하는 건 아니니까. 접근성은 지목을 대변, 보증한다. 보지할 수 있다.

무인도 안에도 용도가 도시지역으로 지정될 수도 있다. 지목 또한 대지인 곳이 존속. 무인도를 통째로 매수하는 경우도 있다. 고정 인구는 없으나 유동 및 관광인구가 증가할 수 있기 때문에 가능한 일. 여하튼, 높은 접근성은 사람들 관심사다. 사람 가치와 부동산 가치를 함께 끌어올릴 만한 매력이 있다. 태생적으로 높은 접근성을 유지하는 곳도 있지만 인위적으로 유지되는 곳도 없는 건 아니다. 가치와 가격에 대한 평가기준은 접근성이 우선순위. 그 다음이 용도지역과 현장감, 지목, 각종 개발이슈거리 등이 되어야 할 것이다. 화려한 용도지역과 개발청사진이 접근성을 일방적으로 압도한다면 맹지상태의 땅을 거품가격에 매수할 수 있는 것이다.

용도지역은 서류를 통해 확인하지만 접근성은 현장답사를 통해 확인하기 때문에 현장감도 함께 견제가 가능하다. 인구상태와 이동상황, 차량이동량도 체크가 가능하다. 투자자 중 착각하는 사람이 의외로 많다. 용도지역에 치중하는 모양새가 안 좋다. 도시지역과 계획관리지역에 집중하는 모양새다. 실수요자가 예민해야 할 것을 투자자가 예민하니 문제다. 투자자가 인지할 사안은, 용도지역에 대한 지나친 쏠림현상에 주의해야 한다는 것. 도시지역 및 계획관리지역 모두가 괜찮은 위치, 즉 접근도 높은 곳에 자리잡고 있는 게 아니라는 것이다. 때문에 용도보단 접근성, 도로를 우선시 하지 않으면 안 된다. 토지이용계획확인서 확인에 앞서 지적도가 지적, 지시하는 현장 감을 우선적으로 확인할 필요 있다. 서류보다 현장답사가 더 중요한 이유가 되는 것이다. 땅을 직접적으로 자주 보는 사람이 땅투자할 확률이 높다. 서류만 검토하는 수준에선 투자하기가 수월하지 않다. 가슴 속으로 느낄 만한 여력이 없기 때문이다.

백그라운드 등을 업은 땅

인간성 낮고 도덕적으로 문제가 있지만 성공한 사람이 있다. 위치와 처지, 뒷배경이 탁월해서다. 아버지 후광을 등에 업고 크게 성공한 경우도 있다. 건물상태는 형편 없지만 해당건물을 가지고 있는 능력이 탁월한 경우도 있다. 위치가 빼어나서 일 거다. 주변환경, 뒷배경 덕을 톡톡히 본다. 비록 낡고 늙은 건물일지라도 인근, 주변 상태가 접근성이 양호하고 현장감이 높다면 그 능력은 배가가 될 것이다. 다만, 하드웨어(시각적으로 잘 보이는) 가치는 높지 않으나, 대지지분(지상물의 땅값)은 하늘 높을 줄 모르고 오를 터. 이럴 땐 가격 대신 가치를 저울질 해야 할 것이다. 고수는 가치를 보고 움직이지만 하수는 가격 상태에 따라 이동한다. 고수는 수익성 대신 안전구도에 관한 연구를 우선시 하지만, 하수는 안전성 대신 수익성인 결과치에 치중한다. 열망한다. 우물가엔 숭늉 없는 데 숭늉(결과)을 찾는다. 경과보단 결과를 우선시 한다. 무의미한 행동이다. 하수는 해당물건에 관한 집중도가 높지만 고수는 해당물건의 잠재성을 정밀하게 보려한다. 인근, 주변 상태를, 백그라운를 구체적으로 살펴본다.

부동산의 완성도, 성숙도, 만족도를 높이는 가장 강력한 재료는 백그라운드 외에 또 한 가지가 있는데 그건 바로 꾸준한 인구의 유입이다. 단기간 내 인구가 폭증하는 것보다 장기간 속증하는 태세가 대세인 법. 더 나아가 인구의 질적변화에 집중한다. 고령화시대가 빠르게 진행되고 있기 때문이다. 노인인구 집중화현상이 벌어진다면 지역경제발전에 역행할 수도 있다. 부동산이 완성물+완성품이 될 수 없는 이유는, 인구 변화와 변수 때문이다. 지상물이 미완성물인 땅 대비 완성물이라고 하지만, 사람+인구 따라 얼마든지 변화를 추구(축구)할 수 있는 법. 지상물의 질적가치는, 인구의 질적가치와 직접 연관 있다. 무시하면 안 된다. 산업경제인구가 전원생활을 즐기려는 은퇴인구보단 지역 잠재성을 한층 높은 곳으로 끌어올릴 수 있는 에너지원이 될 것이다. 이는 어쩔 수 없는 사실, 진리다. 한 건물의 질적가치는 입주민, 임차인들의 질과 연관 있다. 땅의 질도 건물의 질과 같다고 본다.

여러 번 찾아올 수 있는 내 땅의 기회

보유 중 내 땅의 기회는 반드시 찾아온다. 세상 살면서 누구에게나 기회는 찾아온다. 땅도 마찬가지. 다만, 기회가 찾아왔지만 기회를 활용하지 못했거나 기회를 포착, 발견하지 못한 경우가 의외로 많다는 것이 문제. 안타깝다. 큰 기회와 작은 기회를 구분할 만한 능력도 개별적으로 긴요한 지경. 모두에게 직면한 과제다. 부동산주인에게도 세 번 정도 기회가 찾아온다. 내 땅의 용도지역이 변환되는 국토이용변경현상이 일어나고 내 땅 주변의 각종 규제 중 한 가지가 풀릴 수 있다. 그리고 개발이슈거리가 내 땅 인근에서 발생할 수 있다. 내 땅 바로 곁에 개발계획이 잡히는 일도 벌어질 수 있다. 또한 내 땅 인근의 땅들이 지목이 변경될 수 있다. 간접효과를 볼 수 있는 기회인 것이다. 내 땅 인근에 도로 확포장공사가 진행 중이라면 그것도 간접효과일 수 있다. 기회가 위기로 바뀌는 경우도 있지만 위기가 기회로 돌변하는 경우도 있다. 땅값폭등세와 투기가 우려되어 토지거래허가구역으로 지정되거나 몇 년 만에 그 규제 틀에서 풀려나는 경우가 그 실례. 즉 단기성 규제는 위기가 곧 기회인 것. 그렇지만 군사시설보호구역과 같은 장기성 규제사안은 큰 위기에 해당할 수 있다. 그렇지만 기회가 전혀 없는 건 아니다. 그 큰 규제가 해제되는 날엔 큰 기회가 찾아오는 격. 군 부대 이전하는 이유가 분명코 있기 때문이다. 위례신도시가 그 좋은 실례 아닌가. 군 부대 자리에 대형 신도시가 들어선 것.

위기도, 기회도 찾아오지 않는 땅도 있다. 사람도, 차량도, 지상 및 시설물조차도 거의 전무한 지경의 외진 곳에 위치한 땅일 거다. 넓은 임야로 둘러싸인 절망적인 맹지상태의 땅들에겐 좀처럼 쉽게 기회가 찾아오지 않는다. 존재가치자체가 위기라 할 수 있는 땅이다. 무관심한 땅이다. 무섭다. 사람들 눈에서 멀어 집단따돌림 당한 것. 무관심의 표상이다. 작은 위기가 곧 큰 기회가 될 수 있는 땅이 잠재력 높은 땅일 것이다. 기회와 위기를 함께 맞는 경우이다. 폭등세에 따른 규제가 그것. 환경적, 태생적 규제와는 다른 성격인 것(예−상수원보호구역). 가격이 잔잔한 물결을 이루고 있는 것이 기회일 수 있다. 가격이 갑자기 미친듯 뛴다면 위기가 찾아오는 법. 갑자기 규제가 생기니 말이다. 기회의 땅은, 작은 위기와 큰 기회가 작동한다. 작은 위기는 곧 가격급등세이다. 작은 위기는 오래가지 않는다. 가격급등세가, 폭등세가 오래가지 않기 때문이다. 위기의 땅은, 그린벨트, 상수원보호구역, 군사시설보호구역과 같은 큰 규제, 장기성 규제의 땅인 것이다. 만약, 큰 규제가 해제된다면 큰 기회가 찾아올수 있겠지만 확률적으로 적다. 리스크 크기가 크다. 여하튼, 땅은 주변환경과 변수에 따라 기회가 수시로 찾아온다. 그 기회를 통해 환금화를 높일 수 있고, 가치를 높이는 계기가 될 수 있을 것이다. 가치가 곧 가격이므로. 가격을 스스로 올릴 수 있다. 그러나 너무 큰 폭으로 오르면 위기를 자초하는 꼴. 거품가격은 자승자박. 자신의 꾀에 스스로 무너질 수 있다. 내 땅은 보유 중에 세 번 이상의 기회가 찾아온다. 가격상승세가 바로 그것. 주변의 움직임에 따라 내 땅의 가격도 함께 움직이는 것이다. 10년을 보유한다면 아마 10번 정도의 가격상승의 기회가 찾아올 수 있을 것이다. 이것이 가치 높음의 기준이 아닐까.

지적도로 잠재력 정독하기

중대형아파트가 잠재력의 표상이라 할 수 없으나, 땅은 잠재력을 대변하기에 충분하다. 땅은 현존하는 모든 부동산의 재료일 테니까. 택지, 상업지, 공업지 등이 그 실례. 현장답사하면서 땅의 잠재력을 정독할 수 있겠지만 현장 도착하기 전에 잠재력을 읽을 수 있는 도구가 바로 인터넷일 것이다. 위성사진이나 지적도, 임야도, 그리고 토지이용계획확인서 등을 통해 견제가 가능하다. 위성사진이나 토지이용계획확인서는 현장답사 전에 필히 체크할 사안이나, 모든 게 들어 있는 건 아니다. 그 편차가 심한 편이다. 토지이용계획확인서 모습과 현장 모습는 확연히 다르다. 같을 것이라는 건 착각. 오산이다. 지적도나 임야도를 통해 잠재력 수위를 체크한다. 주변 용도지역과 지목분포도를 체크할 수 있기 때문이다. 위성사진에 집착하는 사람이 있는데 이는 잘못된 사고다. 왜냐, 위성사진 통해 용도와 지목분포도, 현황도 등을 분간, 분별할 없어서 하는 말이다. 지적도는 맹지여부를 판단할 수 있는 중요한 서류이지만 개발청사진에 관한 현장감도 감지할 만한 강력한 힘을 지닌 공부다. 정확도 높게 현장감을 느낄 수 있는 유익한 도구가 바로 지적도인 것이다. 다만, 인터넷 통해 가능하다는 게 단점. 오프라인은 광범위하지 않다. 번거로울 수도 있어서다. 인터넷이 수월하다. 지적도가 접근성을 감지할 수 있는 공부는 아니다. 접근성은 현장답사과정 속에서 발현하는 것이니까. 현장감과 접근성은, 연계성과 인접성을 필요로 하나, 반드시 현장감과 접근성은 정비례하는 건 아니다. 결국, 위성사진과 토지이용계획확인서는 땅의 일부를 확인할 수 있지만, 지적도는 부동산의 주요사안인 접근성과 도로 형편을 어느 정도 알아낼 수 있는 중요한 도구인 것이다. 위성사진은 땅의 위치를, 토지이용계획확인서는 용도와 규제사항을 체크하는 도구인 셈. 그 중요도 면에선 지적도를 언감생심 따라갈 수 없다.

　　전체적인 접근구도를 체크할 수 있는 도구가 위성사진이라면,

세밀한 분석은 지적도가 담당하는 법. 예컨대, 섬 안에 있는 땅을 매입한다고할 때 전체적인 접근도를 파악하지 않으면 안 된다. 현장답사 시 교통수단이 문제. 배를 이용하다 보니 현장답사과정에서 이미 지레 마음과 몸이 몹시 지치는 경우도 있을 수 있다. 현장 가기 전에 섬과 육지와의 연계성, 접근성을 체크하는 건 필수항목. 섬 접근도가 높을 리 만무하니, 당연히 평당(3.3제곱미터당)가격이 높지 않을 것이다. 현장감과 접근도는 정비례하지 않지만 현장감과 접근도와 땅값은 정비례하기 때문이다. 하나, 시행착오 겪는 경우도 있다.

천안에 사는 60대 남성을 만난 적 있다. 용건은 땅 매도를 의뢰하기 위해서였다. 보령 원산도 임야(맹지)를 10여 년 전에 평당(3.3제곱미터당) 30만원에 1,000평(3,300제곱미터)을 매입했는데 접근도가 높지 않아 되팔기가 쉽지 않은 상황. 용도지역과 개별공시지가는 접근도 대비 높은 편이었다. 용도지역은 계획관리지역. 그러나 땅값이 용도지역과 개별공시지가와는 정비례 관계에 있는 건 아니다. 맹지에다 접근성이 낮아 가치를 높일 수 없는 지경. 문제는 용도지역과 개별공시지가에 있지 않다. 가격에 문제가 있다. 10년 전, 30만원에 샀기에 당시의 투자가치를 분실했기 때문. 무려 장장 10년 이상이라는 세월을 투자하고도 겨우 공시지가(30만원)를 건진 셈 아닌가. 최소비용으로 시작해야 하는데 애초 거품가격에 손을 대는 바람에 지금의 상황에선 뚜렷한 대책이 없다.

잠재력 높은 땅의 기준

잠재력이 높은 땅이 단순히 접근성이 높은 건 아니다. 접근성이 높다고 해서 무조건 가격이 높다면 그건 잠재력이 낮은 상태이기 때문이다. 즉 잠재력 높은 땅의 기준을, 단순히 접근성 하나에 두지 말고, 거품 빠진 가격에도 신경써야 한다는 것이다. 접근성과 무관하게 단순히 개발계획과 조감도에 잠재력의 기준을 둔다면 거품의 온상이 되기 십상이다. 거품가격은 차후, 환금성을 떨어뜨릴 수 있는 요소. 비현실적인, 실현가능성이 매우 낮은 개발계획은 뜬소문으로 잔존할 공산이 높다. 수조원의 개발비용이 들어가는 경우가 그 좋은 실례. 거창한 개발계획이 시간이 흐를수록 작아지는 경우가 많다. 잠재성이 점차 사라지는 모형.

개발비용과 개발 이후의 거품가격에 예민한 반응을 보여야 한다. 부동산의 잠재력을 단순히 돈으로 해결 방안을 모색한다면 실패의 확률이 높다. 잠재력은 돈(개발비용)보단 인구상태에서 찾아야 한다. 접근도가 높으면 당연히 인구유입이 수월할 것이다. 그렇기 때문에 개발계획 시 위치선정이 중요한 것이다. 사람 접근이 힘든 오지나 외곽지대에 개발계획을 수립하는 일은 없어야겠다. 현장감(현재모습)을 전혀 무시할 수 없는 노릇 아닌가. 무에서 유를 창조하는 게 땅이라지만 난개발을 심히 의심하는 시대이므로 조심하지 않으면 안 된다. 맹지가 상업지로 변할 확률을 높이고자 한다면 위치에 집중해야 한다. 맹지가 상업지로 변할 확률이 갈수록 낮아지고 있기 때문. 이는 애 안 낳는 시대와 연관 있다. 장수시대와 연관 있다. 친환경 개발이 필요한 시점이다. 전원시대와 귀농인구증가현상과 결코 무관치 않으리라. 명품땅은 잠재력 높은 땅이요 명품 아파트는 살기 편한 집이다. 명품아파트 인근의 땅들 역시 명품땅으로 인정 받을 수 있다.

부동산에 투자하는 가장 큰 이유

부동산이 불경기라고 해도 투자자가 존재하는 이유가 무엇인가. 고수는 불경기에도 움직인다. 외환위기 때를 투자의 기회로 선용했던 자가 바로 부자들 아닌가. 서민들은 위기를 피하지만 부자들은 다르다. 적극적이다. 공격적이다.

부동산에 투자하는 가장 큰 이유가 뭘까. 완전한 부동산이 존재할 수 없기 때문일 것이다. 다시 말해, 맹점 없는 부동산은 이 땅에 존재할 수 없다는 것. 단점이 장점화 되는 긴 여정이 부동산의 큰 특징이기도 하다. 이를 부동산의 잠재성이라고 한다. 완벽한 상태의 부동산에 잠재력이 존속할 수 없다. 즉 변화의 기회가 없기 때문이다. 변화가 없다는 말은 반전현상이 없다는 것. 그린벨트 땅에 투자하는 사람도 있다. 하수들이 도통 이해할 수 없는 것. 군사시설보호구역에 투자하는 사람도 있다. 역시 하수의 사고로는 납득이 안 가는 행동이다. 곧 규제가 해제될 것이라는 기대와 희망, 그리고 정보가 없다면 불가능한 행동이다. 농림지역에 투자하는 자 역시 이유가 분명히 있을 법하다. 광범위한 계획관리지역 인근의 소형 농림지역에 투자가치가 높다는 사실을 모른다면 쉽게 나올 수 없는 행동이다. 관리지역으로 세분화 될 수 있을 것이라는 기대와 희망이 없이는 감히 움직일 수는 없는 법. 여하튼, 부동산투자는 잠재력이라는 고유의 성질을 모른다면, 이해할 수 없다면 쉽게 할 수 없다. 농지라서, 생산관리지역이라서, 생산녹지지역이라서, 임야라서 싫다. 다양한 이유가 있다면 투자할 수가 없다. 부동산의 성질, 성격을 이해 못하면 지목과 용도의 속성을 이해할 수 없다.

부동산의 특징과 결단의 시간

독특한 그만의 특이사항이 없는 부동산은 존재가치가 의심된다. 독특한 부동산의 특징이 투자의 이유가 되기도 해서다. 투자자가 없는 부동산은 존재자체를 위협 받는다. 부동산의 특이한 사항, 그만의 특징은 그 종류가 다양할 수밖에 없다. 사람 개성이 다양하듯 부동산도 개성이 다양한 것이다.

1. **저렴한 가격구조** – 단순히 평당(3.3제곱미터당)가격에 매력을 느껴 투자를 결단하는 경우도 있다.

2. **현실적인 개발계획** – 실현가능성이 높다 보니 투자 확률은 당연히 높을 터.

3. **지역브랜드와 명성도** – 평소 선망의 대상.

4. **꾸준한 가격상승세** – 오름세엔 반드시 근본 이유가 있는 법.

5. **안전성** – 평온함 유지. 불규칙하지 않다. 개발과 가격 면이 말이다.

6. **환금성** – 안전성과 직접 결부된다.

7. **수익성** – 기대감이 높다. 기대수치가 높다. 다만, 목표지점이 너무 높다면 그 기대감이 차후, 실망감으로 변질될 수 있다.

8. **전문가와 컨설턴트에 대한 높은 신뢰도** – 사람 믿고 투자를

결정하는 경우다.

투자의 1순위 조건 − 개별성이 높다(특이점 모색). 개변성(핵심)을 가
진다.

1. 현장감에 끌려 투자하는 자가 있다.

2. 개발계획에 이끌려 투자하는 경우도 있다.

1번과 2번 모두에 흡족한 경우라면 금상첨화. 안전모드다. 다
만, 거품가격에 주의 할 필요 있다. 기대감이 크면 실망감도 클 수 있
다. 상식 이하의 거품가격에 부동산을 매수한다면 화끈한 개발계획과
안정적인 현장감도 모두 허사, 허풍에 지나지 않는 법. 요는, 거품이
빠진 가격인지 잘 알아보는 것이다. 1번과 2번 중 한 가지가 맘에 들
어 움직여도 상관이야 없겠지만 다만, 가격이 이성적이어야 한다. 실
례로, 개발계획에 대한 만족도와 기대감이 높다고 해서 가격이 비정
상적인 구도라면 낭패보기 십상이다. 한 가지가 맘에 든 상태라면 가
격거품이 들어갈 필요 없다고 본다. 한 가지가 부족한 상황 아니냐.
거품가격에 매수한 경우는 리스크 크기가 큰 경우일 터. 마치 타석에,
헬멧 안 쓴 채 시속 160km 강속구 투수 앞에 서 있는 타자 모습 같은
것이니까. 아무리 타율이 높은 홈런타자라도(호쾌한 개발청사진) 헬멧 안
쓴 채(거품가격노출) 타석(부동산시장)에 들어선다면 리스크(위험수위)에 크게

노출되기 마련이다.

지역라이벌 구도 그릴 수 있는 경우와 없는 곳

서울 라이벌은 사실상, 현실적으로 존재하지 않는다. 특별시는 하나이기 때문이다. 그렇지만 최근의 모드를 보면 서울 라이벌은 경기지역임엔 틀림 없을 것이다. 최근 서울의 전셋값과 집값 불안으로 경기지역으로의 인구이동현상이 극에 달한 지경 아니랴. 누가 감히 막을 수 있으랴. 이동현상은 계속 이어질 수밖에 없다. 특히 경강선 개통 이후 더욱더 거세게 이동인구가 급증하는 것으로 드러나고 있다. 이런 추세라면 서울인구의 급감현상은 계속 이어질 게 분명하다.

부동산은 공산품이 아니나, 치열한 경쟁을 필요로 하는 가장 치열한 경쟁 상품이다. 부가가치가 높은 이유다. 경쟁구도를 달리면서 가치의 크기가 커진다. 부동산의 경쟁구도가 무엇이랴. 곧 지역라이벌의 존재가치 아니랴. 경쟁력이 곧 잠재력인 것이다. 무한한 가치를 발현한다. 라이벌이 없다면 열정은 식을 것이다. 나의 라이벌이 존재한다는 것은, 기회다. 하나, 지역 경쟁이 가열 구도를 달리다 보니 지역감정도 생길 수 있는 법. 그 좋은 실례가 바로 영호남 간 골 깊은 지역감정이다. 지역라이벌은 과거 가요계 남진, 나훈아 경쟁구도 때부터 발현하였다. 부동산 세계의 영호남을 만들었지 않나 싶다. 영호남의 지역라이벌은 지역감정의 발화점이다. 영남출신의 대통령이 너무 많이 나와서 문제라는 지적도, 주장도 있는 게 사실. 발전구도를 인구상태를 통해 잘 알 수가 있다. 차이점이 확연히 외부로 드러난다. 전남과 전북 인구는 각기 1,934,034명과 1,869,668명(총3,803,902명. 2016년 자료). 경남 및 경북 인구와 비교조차 할 수 없는 지경이다. 경남 총 인구는 3,428,035명이고 경북은 2,750,000명이니 말이다. 총 6,178,035명(2016년 자료)이다. 영남인구는 크다. 영향력이 크다. 통합시인 창원인구는 1,070,793명. 통합시인 청주인구는 831,521명. 이들 둘은 통합시 라이벌 구도를 그린다. 경쟁력 강화에 힘을 쏟는다. 물론 입지가 다를 수 있으나 발전속도가 배가가 될 수 있는 강한 연유가 되기에 충분하다.

　　남한 땅의 가치와 북한 땅의 가치의 차이는 가치와 가격이 상이하다는 점일 것이다. 북한 땅과 남한 땅을 비교할 때 가격은 남한이 우위에 있겠지만 가치는 정반대일 수 있다. 요는, 부동산은 비교대상(물). 차이점과 편차를 분석하는 대상인 것이다. 평가 기준이 다양하게 분포+분류되어 있다. 이를 테면 강남과 강북의 비교분석과정, 그리고 서울과 경기의 비교분석과정, 수도권과 비수도권의 비교분석과정이 바로 그것. 이를 통해 지역과 구역의 차이를 발견할 수 있다. 지역라이벌 구도가 존속하는 것이다.

예) 수원과 화성의 차이와 분석(행정통합예정?)

광주와 하남의 차이(행정통합과정을 밟을 수 있는 법. 하남은 옛 광주)

평창의 라이벌 – 정선

관광지로서의 지역라이벌이 반드시 인접한 건 아닐 거다. 수원 라이벌이 고양일 수도 있기 때문에 하는 말. 두 지자체는 인구 100만 명이 넘는 광역시후보 아니랴. 지역라이벌도 존속한다. 공존한다. 제주의 라이벌은 강원지역. 제주는 인구증가세가 거센 편이지만 강원의 인구증가세는 들쭉날쭉하다. 천안과 청주는 서로 라이벌의식이 강하고 인구증가세도 거센 편이다. 강릉과 춘천과 원주는 관내 최고 라이벌관계다. 라이벌관계가 반드시 2개라는 건 강한 선입견. 3개 이상일 수도 있다. 경기지역 경쟁력은 날로 강화될 것이다. 라이벌 구도가 다양해서다. 인구증가세가 뒷받침되고 있다. 수원은 용인의 라이벌이자 고양의 라이벌이기도 하다. 화성의 라이벌이자 인천광역시 라이벌일 수도 있다. 전남 구례, 경북 영양, 전북 장수군도 서로 간 라이벌 모색에 전념할 수 있지만 모색여정이 버거운 지경. 인구감소세의 극심이 바로 큰 장애물이다. 관광지역 경기 가평군의 라이벌은 춘천시. 가평은 양평의 라이벌이기도 하다. 경기 관내에서 양평과 가평의 면적은 각기 1, 2위를 달리고 있다. 인구밀도가 낮고 유동인구 의존도가 높다. 신도시 라이벌도 존재한다. 일산과 분당신도시, 그리고 광교신도시와 판교신도시, 위례신도시와 미사강변도시 등이 이에 해당한다. 서해안의 라이벌은 동해안이다. 서해안시대는 서해안고속도로 개통과 동시에 키워드가 된 상태이나, 완성된 상황은 아니다. 역부족이다. 기대감이 들쭉날쭉하다. 서해안복선전철에 관한 기대감이 큰 이유다. 홍성에서 호남으로 연계되어야 진정한 서해안시대의 완결판이 아닌가 싶어서 하는 말. 결국, 부동산의 잠재성은 연결구도, 즉 라이벌 구도를 그리는 법. 선의의 경쟁을 통해 진보하는 것이다.

대규모 단지와 인구분포도

대규모 관광단지 인근의 땅값은 기대와 달리 가격이 비싸지 않다. 그 이유가 무엇일까. 유동인구가 주거 및 고정인구보다 훨씬 많은 수를 차지하고 있기 때문일 것이다. 인구구조가 단순하다. 투자자 입장에서 장기간 현금을 묻어놓을 수밖에 없다. 반면, 대규모 산업단지나 주거단지가 형성된 곳 인근의 땅값은 비싼 편이다. 왜 그럴까. 고정 및 주거인구가 유동인구보다 훨씬 많은 수를 차지해서다. 안정적이다. 인구구조가 안정적이라 가격 또한 꾸준한 상승곡선을 탈 것이 분명하다. 투자자 입장에서 볼 때 희망적이다. 투자기간이 비교적 단기로 흐를 공산이 높기 때문이다. 전원주택단지가 형성되었거나 펜션단지가 형성된 곳 역시 인구가 지극히 편향적일 수밖에 없다. 단순구도다. 주거지와 관광지 형태라고는 하지만 인구는 별반 차이가 없다. 인근 땅값이 비쌀 이유가 없다. 고정인구보다 유동인구가 훨씬 많은 지경일 테니까.

　　백양리역이나 가평역 등지의 인구분포도 역시 편향적이다. 관광역세권으로서 유동인구가 주거인구를 앞찌른다. 앞으로 계속 그러한 형태가 지속될 것이다. 큰 변혁이 없을 것이다. 서해선의 향남역은 다르다. 이미 주거(택지) 및 고정인구(산업단지)가 관광인구를 훨씬 앞선 상황 아니랴. 송산역은 어떤가. 관광역세권 냄새가 강하다. 향남역 대비 지역적, 위치적으로 다른 상황이다. 입지여건이 사뭇 다르다. 지속적으로 관광인구가 고정인구를 앞찌를 태세다. 화성시청역은 주거인구가 유동인구를 쉽게 초월할 것이다. 남양뉴타운 덕이 클 수밖에 없기 때문이다. 여하튼, 전원역세권(범례-수도권 경의중앙선 일부구간)이든 관광역세권(경춘선 일부라인)이든, 아니면 주거역세권(아파트 형성지역. 구리역이 그 실례)이든, 투자목적과 실수요명목이 분명하지 않으면 매수 후 후회할 수 있을 터. 결국, 땅에 투자하기는 위치에 투자하기인 셈. 그에 반해 지상물에 투자하는 것은, 실수요가치에 투자하는 행위이리라.

부동산 매수 전에 반드시 확인해야 할 것

부동산 매수 전에 목적의식이 없다면 실패할 확률이 높아진다. 하수는 매수 전에 자신이 실수요가치를 목전에 두고 움직이는 것인지, 아니면 투자가치를 견지하면서 움직이려는 것인지를 분간하지 못한다. 즉 실수요가치와 투자가치의 차이를 모른 채 무작정 매수전선에 뛰어드는 것이다. 당연히 하수의 성공률이 높아질리는 만무하다. 실수요가치와 투자가치의 차이를 알아보지 않으면 안 된다. 실수요가치는 인구밀도가 낮아도 별 상관 없다. 삶의 질과 연관 있기 때문이다. 지금은 상업 및 업무공간 대비 녹지공간을 높게 평가하는 시대다. 힐링을 우선시 하는 사람이 늘고 있다는 증거다. 이는 실수요가치의 대표적 특징이다. 투자가치는 인구밀도에 예민할 수밖에 없다. 삶의 질과 무관하다. 인구 따라 가격변화가 일렁인다. 녹지공간보단 상업 및 업무공간에 집중하기 마련이다. 실수요가치는 공실률에 예민하다. 경제적효과와 거의 무관하다. 투자가치는 공실률에 둔감한 편(땅투자 시). 경제효과(잠재력)에 예민하다. 실수요가치는 개발완료상태. 결과가 이미 나온 지경. 상중하로 말이다. 질적가치 등급이 나온 상황이라 상황판단을 금세 할 수 있다. 투자가치는 진행 중, 전쟁 중이다. 전쟁 중에도 늘 잠재력을 기대한다. 투자자의 자세다.

부동산 매수의 맹점은, 장소(위치)와 시간 분별력이다. 공간과 시간의 적절한 활용이 관건, 맹점이리라. 승패, 성패는 거기서 갈린다. 장소(위치)와 시간은 투자 시 중요시 여기는 대목. 실수요 목적은 위치에 예민하다. 시간과는 거의 무관하다. 즉 환금성과 무관하다는 것이다. 대신 투자 목적은 대출노선을 겪지 않는 게 일반적이나, 실수요 목적으로 움직이는 자는 대출노선을 탈 수밖에 없다. 서울의 아파트 매수금액이 평균 6억원을 육박하지 않는가. 100% 현금으로 매수가 가능한 자가 과시 얼마나 될까.

부동산 매입 시 고민한다. 걱정한다. 두려움 반 기대 반. 가치에 예민한 종목이, 재화가 부동산이지만 리스크 없는 부동산이 없는 상황 아니랴. 실수요 겸 투자목적으로 움직이는 사람이 대부분일 것이다. 100% 실수요 목적으로 움직이는 사람은 거의 없을 것이다. 언제가 될지 모르나, 이동 할 수밖에 없는 지경에 이를 수 있기 때문이다. 100% 투자목적으로 움직이는 사람은 다수 차지한다. 요는, 실수요가치가 곧 투자가치인 법. 즉 인구 면이나 지상물과 각종 시설물 등 구조물 동태 따라 해당지역의 전체적인 가치(현재와 미래)가 결정되는 것이다. 가수요자는 곧 허수다. 허수 보고 투자하는, 즉 개발청사진 하나만 보고 들어가기는 좀 버겁다. 불안하다. 부담된다. 미래가치 하나만 보지 말고 현장감(현재 모습)이나 접근성도 감지하지 않으면 안 된다. 좀 가격이 비쌀지라도 말이다.

긍정은 돈을 부르지만, 부정은 독을 부른다!

긍정적인 사고방식을 구현하는 자가 투자자인 까닭 – 소탐대실하지 않기 때문이다. 평소, 사물에 관한 장단점 파악을 제대로 한다. 부정적 사고방식을 가진, 고착관념에 깊게 빠진 자가 투자자가 될 수 없는 이유는, 장점 대신 맹점 찾기에 급급해서다. 투자를 포기한다. 우유부단한 자의 특징은, 투자 포기 상태가 아니라는 것. 평생 부동산을 알아보러 다니지만 결정할 시점에선 뒤로 살짝 빠진다. 결정을 못 내린다. 관망세만 유지 중이다. 전국의 땅 모두에 관심을 가지고 있어 집중력보단 집착이 심한 지경이다. 공부 중이다. 오랜 기간. 분석 중이다. 역시 오랜 기간. 모색 중이다. 100% 완벽한 땅을 찾지만 매번 헛탕이다. 더욱이 만족도 110%의 땅을 찾고 있으니 문제다. 비정상적인 사고방식, 비현실적인 사고방식으로는 투자자 반열에 들어설 수 없는 법. 100% 완벽한 부동산은 없다. 그리고 만족도 100%는 있지만, 만족도 110%는 존재하지 않는다.

가격에 집착하는 자는 투자자가 될 수 없다. 만족도 110%의 부동산가격은 현존하지 않아서다. 부동산가격을 자주 묻는 경우는, 처음 본 맞선 자리에서 뚱뚱한 상대 여성을 향해 체중을 반복적으로 묻는 행위와 별반 다를 바 없다. 그만큼 땅 가격 묻는 것 자체가 무리수를 두는 것이리라. 제대로 알 수 없기 때문이다. 제대로 알려줄리 만무. 뚱뚱한 여자가 솔직하게 정확하게 자신의 현재의 체중(현재의 가격)을 알려주겠는가. 작은 거짓말을 동원할 것이다. 과거 늘씬했을 때의 체중을 성토할 지도 모를 일. 설령, 알려준다 해도 오차범위가 큰 수치를 발설할 것이다.

　　부자의 특징 중 하나 – 긍정적 사고를 가진 상태(물론, 절대긍정은 문제. 탈법과 불법행위를 긍정화 시키면 안 되는 법이니까). 긍정이 몸에 밴 상태다. 평소, 긍정적인 맘으로 움직인다. 성공의 재료가 긍정임을 깨달은 상태. 부정과 불만족+불평불만은 실패 원인. 결국, 내 몸에 긍정은 돈을 부르지만 부정은 독을 부르는 것이리라.

고수와 하수의 부동산 10계명이 확연히 다를
수밖에 없는 이유

　　1. 고수는 지혜와 지략으로 자신의 능력을 발휘하지만 하수는 지식으로만 움직이기 때문이다. 즉 하수는 부동산공부를 하지만 고수

는 부동산 분석과정을 거칠게 거침없이 거친다.

2. 고수는 탐심 대신 자신감으로 움직이지만 하수는 대박 향해 전진만 한다. 상황에 따라 후진도 해야 하건만.

3. 고수는 비판능력과 긍정의 맘이 공존하여 융통성이 강하나, 하수는 절대긍정을 향해 움직여 융통성이 부족한 상태다.

4. 하수는 성공사례(과거모형)에 집착하나, 고수는 실패를 통해 성공을 발견하려 노력한다.

5. 하수는 관심과 호기심으로 움직인다. 불안한 지경. 고수는 오랜경험을 바탕으로 자신이 만든 부동산철학(왕도)으로 움직여 비교적 안정적이다. 자신감이 넘친다.

6. 자신의 그릇 크기을 잘 인지하고 있는 자가 고수다. 자신의 환경조건을 인지하지 못하는 자는 하수다.

범례) **하수의 사례** – 수중에 5천만원의 여윳돈이 있으면서도 5억원 상당의 땅가치를 가진 물건을 모색 중이다.

고수의 사례 – 수중에 5억원을 가지고 있지만 2억원 가치의 땅을 모색 중이라 안정세. 여유 있다. 조급하지 않아 안정적이다.

과욕의 문제점 – 과욕이 가지고 있는 치명적 맹점.

수중에 5천만원이 있을 때는 5억원 가치의 땅을 모색하고, 수중에 1억원이 생겼을 때는 5억원 이상의 물건을 모색한다. 과욕 크기가 점점 커진다. 확대재생산한다. 착각한다. 오판할 수 있다. 자신의 그릇 크기를 잊고 만다.

7. 고수 – 진보적(고착관념 타파)이고 융통성 있다.

하수 – 답답한 보수형태(고착관념이 뿌리 깊게 자리잡은 상황). 변수 수용능력이 미비한 상태다.

고수는 땅의 매력을 모색하지만, 하수는 땅을 매력의 산물로 오인한다. 기적을 바란다. 고수가 땅의 성질을 모색할 때 하수는 텅빈 개발청사진을 모색하려 든다. 고수는 친환경적 개발에 집중력을 선보인다. 그러나 하수는 텅빈 대형프로젝트에 집중한다. 즉 고수는 고정인구의 증가현상에 주목하나, 하수는 유동인구와 흥정꾼의 움직임에 수동적 자세를 취한다.

투자자가 잘 인지할 점은, 고수 때 움직이면 안전하다는 점.

하수 – 개발에 집착한다. 수익구조에 집착한다. 과정보단 결과에 주목한다. 수익형부동산 광고에 혹해 전화한다. 수익률이 최고다. 대한민국 최고수익률을 보장한다는 광고에 발걸음이 빨라진다. 바빠진다.

중수 – 부동산공법에 집착하고 변수를 두려움의 대상으로 삼는다.

고수 – 분석력이 뛰어나다. 변수를 예측한다. 안전성 위주로 움직이며 결과보단 과정에 집중한다.

중수상태에선 투자가 힘들다. 하수상태는 묻지마 투자할 확률이 지배적. 귀가 얇아서다. 그러나 하수 때 투자할 확률이 매우 높다. 판단력과 변별력이 낮아서다.

무모한 부동산 가치평가 – 하수는 절대적인 행동을 한다. 융통성이 없기 때문이다. 수동적이다. 부화뇌동한다. 고수 행동은 상대적. 융통성이 있어 매사 능동적이다. 적극적으로 움직일 수 있어 여유가 있다. 하수는 용도나 화려한 개발계획 등에 연연한다. 올인한다. 과거 성공사례를 토대로 미래를 예측하나, 늘 시행착오 겪는다. 시달린다. 고수는 위치에 집중한다. 부동산 현재입지현황에 집중한다. 위치가 안 좋은 용도지역이나 개발청사진은 무용지물, 유명무실하다는 사실을 잘 알고 있기 때문이다. 이런 측면에서 볼 때 하수는 자동차로 따진다면 조수석에 앉아 있는 모습이지만 고수는 운전석에 앉아 있는 모습이라 할 수 있겠다. 운전대를 직접 잡고 움직이는 고수가 적극적이고 진취적인 이유다. (절대적인 복종의) 하수는 부동산공법 하나로 움직일 태세. 대화 나눌 때 늘 답답하다. 그러나 고수는 상대적 고수(수호)를 따른다. 오랫동안 대화할 필요 없다. 급소와 핵심만 대하면 그만이니까. 부동산공법 활용도가 넓다. 높다. 규제수준을 잘 알고 있어 규제 따위를 두려워 하지 않는다. 규제 없는 부동산이 존재할 수 없다는 사실을 잘 알고 있는 상태이기 때문. 규제를 장점화 하는데 노력한다. 작은 규제에 신경 쓰지 않고 지역적 특성을 알아보는데 매진한다. 즉 인구나 건축물, 시설물 등의 상황을 검증, 검토하는데 시간을 투자하는 것이다.

절대 평가대상(하수가 따르는 사안) − 용도와 지목, 개발이슈와 같은 화젯거리

상대 평가대상(고수가 따르는 사안) − 위치와 도로

대부분 사람들이 착각하고 있는 게 있다. 위치와 개발이슈 중 위치에 대한 관심도보다 개발이슈 등에 관심도가 높다는 점이다. 이는 위치는 거품과 무관하고, 개발이슈가 거품과 직결되는 큰 연유인 것이다. 위치(현재)는 시세를 형성하고 개발이슈(미래사안)는 거품가격을 만드는 것. 안정적인 가격을 선택하는 고수를 따라야 할 것이다. 그것이 투자의 바른 행보가 아닐까 싶다. 맹지나 오지 등지에 개발청사진이 잡히는 바람에 터무니 없는 가격이 형성된다면 해당지역에선 실패자가 속출할 수 있다.

1급 프로야수는 결정적일 때 한방을 터트려 팀 승리를 이끈다. 2급 프로야수는 결정적일 때 실책을 범하여 팀에게 뼈아픈 패배를 안겨준다. 선수들간 몸값 차이가 심한 이유다. 하수는 결정적일 때 실수

를 하나, 고수는 결정적일 때 기회를 포착한다. 때를 십분활용한다. 위기를 기회로 만드는 기술이, 능력이 있다. 투자를 성공으로 이끈다. 고수는 위기 때 움직인다. 소문난 잔칫집에 안 간다. 최소액으로 움직일 만한 상태에서 움직이기 때문. 세월호 사건 때문에 지금 투자가 힘들다고 고백하는 사람이 있었다. 핑곗거리가 이슈거리인 셈. 하수의 사고다. 메르스 여파로 투자를 장기 연기 하는 사람 역시 하수. 투자를 연기하겠다고 말하나, 사실상 포기다. 하수에겐 늘 핑곗거리가 생기니까. 핑곗거리가 다양하다. 여름철 비수기를 투자시점이 아니라고 단정 내리는 사람 역시 하수다. 외환위기 때 고수들의 발걸음이 분주했지만 개미들은 깊은 동면에 빠져 있었다. 난세에 영웅이 태어난다는 진리를 터득할 줄 아는 자가 진정한 고수가 아닐까. 고수는 위기 때 들어가 다양한 각도로 기회를 엿본다. 포착한다. 기사회생 길목에 들어선다.

고수가 바라는 국토분류법

부동산은 무조건적으로 이중적이다. 땅값상승구도를 그리는 지역이 있다면 그 반대 세력들이 득세하기 마련이요 집값상승구도를 그릴 때 그 구도를 일방적으로 시기 하려는 세력들 역시 득세하기 마련이기 때문이다. 자신 있게 강조할 수 있는 부분은, 땅값 오르는 지역은 많지만, 내려가는 지역은 극히 드물다는 점이다. 땅투자자가 급증할 만한 이유가 될 터. 집값 오르는 지역 대비 내리는 지역이 훨씬 많은 것과는 극히 대조적이다. 집은 소강세지역이 훨씬 많다. 장기관망자들이 늘고 있다. 물론, 집값상승지역은 불안하다. 하루 새, 순간적으로 가격변동상황이 예측불허라서다. 지옥과 천국을 오간다. 또 하나 정확히 상기할 점은, 부동산가격이 전혀 움직이지 않는 지역이 훨씬 많다는 점이다. 미분양아파트를 무조건 안 좋다고 평가, 판단하지 말아야 하는 것처럼 부동산가격이 미동조차 하지 않는다고 해서 저평가 대상으로 치부하지 말아야 할 것이다. 가격이동상황이 벌어지지 않는 현상, 그 원인은 무엇일까.

필자 생각엔, 인위적 한계 도달에 있지 않나 싶다. 부동산주인과 중개인 등 이해관계자들의 진솔함이 아닌, 잔술과 꾀가 문제가 될 터. 가격선을 인위적으로 정한 후 그 이하로 거래하면 안 된다고 강조한다. 협박한다.

땅값상승지역의 사례 – 공사 중인 서해라인과 공사가 완성된 여주라인 등

집값상승지역 – 찾기 힘든 지경. 다만, 경기지역 소형전원주택의 경우는 물건이 귀한 지경. 특히 교통 흐름이 탁월한 곳이 더 귀하다. 이를 테면 역사와 멀지 않은 경우 말이다.

국토 분류방법으로 고수인지 하수인지 구분이 가능하다. 하수의 경우, 땅값 오르는 지역과 내리는 지역으로 국토를 구분하는 습관이 있다. 오랫동안 몸에 밴 상황이라 단기간 내 고치기 힘들다. 고집불통이다. 하수인생이 곧 하류인생은 아니나, 고쳤으면 하는 생각이 지배적. 중수의 경우, 용도지역에 사활을 건다. 도시지역과 비도시지역으로 구분한다. 수준이 높은 편. 고수는 접근성 높은 지역과 접근성 낮은 지역으로 구분한다. 역시 수준이 높다. 변수의 종류를 잊지 않으니 말이다. 좋은 변수와 나쁜 변수로 대별된다는 사실을 항시 잊지 않는다. 결국, 하수는 수익성과 대박을 바라는 소모전, 모순점을 드러내고 있지만 고수는 안전구도를 그리겠다는 의지가 다분하다. 마치 부자와 서민의 차이처럼 부자는 일을 열심히 함으로써 대운과 결과를 바라지만 부자가 아닌 자는, 대운과 돈 구조부터 인지하려 애쓴다.

하수의 큰 착각

하수는 큰 것을 못 본다. 고수는 큰 것을 볼 수 있다. 하수는 현실보단 미래에 집착한다. 개발계획과 용도지역 등을 큰 것으로 착각한다. 작은 것에 불과한데 말이다. 큰 것이 아니다. 용도지역(작은 것)에 집착하는 통에 접근성(큰 것)을 못 본다. 소탐대실한다. 접근성이 낮은 것에 대해 업자는 "용도지역이 계획관리지역이기 때문에 나중에 접근성이 높아질 겁니다"라고 해명한다. 계획관리지역이라는 미명아래 평당(3.3.제곱미터당)가격이 만만치 않다. 그러나 접근성 높은 농림지역이라면 어떨까. 농림지역이라는 이유로 헐값에 팔려나가야 할까. 우리나라엔 농림지역이 절반가량 존재한다. 접근성이 떨어지는 절망적인 맹지가 많다는 의미일 수도 있다. 요는, 용도지역이 중요한 게 아니라 주변분포도가 중요한 것이다. 용도지역이 접근성을 좌우하는 게 아니다. 접근성이 용도의 미래를 결정하는 것이다. 주변이 온통 농림지역으로 분포되어 있는 땅과 주변이 공업 및 주거지역(지구단위) 등 다양한 용도지역으로 분포되어 있는 생산관리지역 땅 중 당신은 어떤 땅을 선점할 것인가. 대규모 계획관리지역 내에, 인근에 존속하는 생산관리지역이나 농림지역 땅의 미래와 대규모 농림지역 인근의 도시 및 계획관리지역 땅의 미래는 차후, 다른 모형으로 변모할 것이다. 용도보단 접근성을 우선시 해야 하는 것이다. 탁월한, 빼어난 접근성은 차후, 용도지역이 업데이트 될 수 있는 반사이익을 고대할 수 있다. 높은 접근성은 시세를 형성하나, 높은 용도지역과 낮은 접근성은 거품형성의 주요인이 될 수 있다. 접근성이 높은 곳엔 실수요자가 늘어 고정인구가 늘어나나, 높은 용도지역과 낮은 접근성은 가수요자만,

즉 유동인구만 득실거릴 게 분명하다. 이러다 보니 악덕 기획부동산이 브리핑에 많은 시간을 할애하고, 현장답사 시 현장 주변을 광범위하게 보여주는 것이다. 내 땅 위치와 무관한 위험한 지역의 땅을 보여준다. 아무 의미 없다. 답사의 의미를 찾을 길 없다. 브리핑 시간은 짧고 현장답사 시간은 길게 잡는 게 좋겠다. 개인적으로 유리하다. 내 땅의 접근성이 중요하지, 광범위한 주변 이슈거리는 별로 중요하지 않다. 내 땅 주변에서 멀리 가지 말라. 단, 전원주택을 바라보는 시각은 다를 수 있다. 그러나 땅 투자의 경우는 다르다. 주변의 랜드마크와 주거시설 분포도가 중요한 사안. 주거인구가 그 지역을 지배하는 경우가 태반 이상이기 때문이다. 그를 통해 각종 시설물과 구조물, 지상물 등이 우선적으로 들어서는 것 아닌가. 무작정 앞으로 생길 수 있는 수용인구, 수요인구에 의해 움직인다는 것은 불안. 현재가치 통해 미래가치를 점검, 예측하는 방법이 안전한 것이다. 단순히 청사진, 조감도에 의해 미래예측하는 것은 리스크가 크다.

차제에 초보자가 착각하기 쉬운 점들을 타파하지 않으면 안 될 터. 나름의 10가지 체크포인트를 상기할 때다.

1. **가격 냄새를 맡는다.** 불필요한 거품은 퇴출대상 1호다. 가성비(성능 대비 가격상황)에 집중한다.

2. 개발 냄새를 맡는다. 난개발 검증절차를 밟는다.

3. **접근성을 본다.** 접근성이 높다면 당연히 현장모습도 분주할 터.

4. **현장감을 본다.** 현장감이 높지만 접근성이 떨어진 경우도 드물지만 있을 수 있다.

5. **용도와 지목** – 투자목적이 아닌, 실활용 목적으로 움직인다면 땅 모양새도 중요하다. 건폐율과 용적률에도 예민해야 한다. 투자자 입장에선 내 땅의 용도와 지목 주변이 중요하다. 용도 및 지목이 다양하게 분포되어 있어야 미래를 검토할 만한 조건인 것.

6. **도로사정 검토** – 지적도상 도로 상존 여부 및 진입도로 사정을 관찰한다. 실수요 목적이라면 진입도로에 예민하지 않으면 안 된다. 투자자 입장에서도 도로 상황이 중요하다. 도로 위치에 따라 개발변수가 다양하게 분출하는 것이니까.

7. **인구상황 검토** – 유동인구 대비 고정인구가 적다면 주거인구의 전출, 유출현상이 클 터

8. **지상물, 구조물, 시설물 등 배치상황 검토** – 현장의 변동사항에 예민해야 할 터. 현장이 변하지 않은 곳은 잠재력이 약화되는 곳.

9. **지역랜드마크** – 편리성을 대변한다. 예컨대, 편리공생.

10. 대중교통(예-버스)의 편익성(편리성)을 견지한다. 결국, 적정가격과 접근성에 집중하지 않으면 안 된다는 것이다.

투자 결정이 쉽지 않은 사람들에게 긴요한 필수항목

정계약 해놓고 깊은 고민 속에서 장기간 헤어나지 못하는 경우가 의외로, 상상외로 많은 지경. 그 이유가 뭘까. 환상적인 브리핑에 일시 혹하는 바람에 오판한 것일 수도 있지만, 평소 가지고 있는 투자에 대한 확신과 분석이 미흡해서 깊은 고민에 빠지는 경우가 더 많을 것이다. 투자 결정을 비교적 쉽게 할 수 있는 방법(항목)은 없는 걸까. 복잡다단한 단계와 조건을 단순화 하는 작업을 우선적으로 해야 할 줄 안다. 그런 능력을 배양하지 않는다면 정계약과 해약을 반복하는 우를 쉽게 범할 것이다. 급소모색이 관건. 부동산을 공부하고 분석하는 궁극적인 목적이 무엇인가. 가장 중요한 부분을 모색하기 위함일 터. 그러는 과정 속에서 맹점 파악도 자연히 이루어질 수 있는 것이리라.

요는, 땅투자를 쉽게 결정하지 못하는 경우는, 100% 완전무결한 부동산을 찾겠다는 집념이 너무 강해서다. 분명한 사실은, 100%

완전무결한 부동산을 찾는 사람은 투자자가 절대 될 수 없다는 것. 100% 완벽한 부동산은 절대 존재할 수 없기 때문이다. 가장 중요한 부분에 따라 움직인다면 성공확률이 높은 것이다. 그렇다면 부동산 투자과정 중 가장 중요한 부분이 무엇일까. 가격차별화이다. 물론, 개발이슈 대비 말이다. 무조건 가격하나로 모든 사안을 판단하면 안 된다. 오판 가능성이 높다. 가격차별화는 가격거품을 꼭 피해야 하기 때문에 긴요한 덕목. 최소액으로 시작하지 않으면 시작도 하기 전에 힘들어진다. 지친다. 실수요목적으로 움직이는 경우와 큰 차이점을 보인다. 실수요에서 가장 중요시 여기는 부분은 삶의 질, 즉 웰빙이나 힐링 정도이겠지만 투자 명목으로 움직이는 경우는 가격이 매우 중요하다. 차후의 높은 환금성을 위한 (노력인) 것. 지혜롭게 투자하는 방법을 모색하지 않으면 안 된다. 밀당을 크게, 대폭적으로 줄일 줄 알아야 한다. 밀면 당기고 당기면 밀어버리는 것이 지혜로운 투자의 첩경. 유사한 개발조건이지만 가격이 업계에서 가장 저렴한 상태라면 거래량이 증가할 것이다. 투자자들은 최소액으로 큰 효력을 맛보려 움직이는 자들 아니냐.

땅의 가격 수명은 길지 않다. 그 이유는 폭리 대상물이 되기 쉽기 때문. 땅 살 때 유사 조건의 개발이슈 대비 저렴한 가격에 유념+집중하지 않으면 안 되는 이유다. 개발이슈 있는 맹지를 아주 비싸게 판다면 사회문제가 될 수 있다. 단순한 부동산 문제가 사회문제로 확대, 비화될 수 있다. 그 반대로 비교적 양심적인 가격에 매도한다면 사회이슈화가 되어 행복+희망 바이러스가 만발할 터. 확대재생산 될 터이다. 개발에 관한 심판은 당장 받을 수 없으나, 가격에 관한 심판은 지금 당장 받을 수 있다. 가격은 시가가 존재하나, 개발이슈는 고가+호가를 만드는 것이리라. 개발사안은, 미래상황이요 가격사안은, 현재상황 아니랴. 땅 투자자가 양심적인 가격에 접근하려면 양심적인 컨설턴트에 접근하지 않으면 안 된다. 부엌칼을 악용하면 식용이 아닌, 흉기로 변질되듯 부동산의 고귀한 사용가치를 악용하면 사람을 희생시키는 큰 무기로 변절될 게 분명하다. 부동산의 사용가치를 악용하면 가격폭리 대상물로 변질되나, 그를 선용대상으로 여긴다면 희망의 부동산들이 만발할 터이다.

땅 고유의 몇 가지 특징

땅투자의 이유는 여러가지 모형. 초보자는 지역명성과 지역특징을 보고 움직이는 게 상례. 고수는 땅 고유의 특징에 영향을 받고 움직이려한다. 과정에서 별 차이가 없겠지만 투자기간과 그 모형에서 차후, 격차가 크게 벌어질 것이다. 왜냐, 초보자는 추상적 입지로 움직이는 모형이겠으나, 고수는 보다 구체적 접근을 시도하기 때문이다. 땅 고유의 특징은 다양하다. 잠재성의 표상이자 모든 부동산의 재료이다 보니 그런 것. 아파트부지(택지 수준) 등 주거부지(전원주택부지도 포함), 상업부지, 공업부지, 건부지 등 다양한 각도로 해석(명령어)이 가능해 장르별 특징이 주어진다.

땅 고유의 몇 가지 특징

1. 분할 통해 자금사정을 감안할 수 있다. 절제가 가능하나, 방심은 절대 금물이다. 분할 이유가 단순히 자금문제 때문만 일 수는 없다. 실수요 목적으로 움직이는 사람들에겐 분할 목적이 전혀 다른 것.

2. 인근 시세보다 저렴하게 시작 할 수 있다. 개발계획이 수립되어 유동인구로 북새통이 이뤄지고 있다면 그 인근에서 움직이면 그만일 테니까.

3. 기획이 가능하다. 창의적이다. 지상물은 완성물. 땅은 미완성물이라는 큰 차이점을 활용하는 것. 내 땅을 직접 개발하지 않고도 인근 지주들이 토지이동(예-전용 및 건축행위)을 함으로 말미암아 내 땅도 다분히 영향을 받을 소지를 안고 있는 것이다. 땅처럼 부동산의 연계 및 연결성에 일방적으로 지배 받는 구조는 없을 터. 연계성과 접근성

이 강한 종목이 땅이다. 가격에 몹시 예민한 반응을 보이기 때문이다. 그렇기 때문에 오지의 땅도 폭등의 기회가 찾아올 수 있는 것이다. 단돈 몇 천원짜리 땅이 정부 개발계획발표와 각양각색의 뜬소문에 5만원 이상 오르는 건 예삿일이니 말이다. 단돈 몇 천원의 땅도 무시할 수 없는 이유다.

4. 반토막 증상이 일어나기 힘든 가격구조. 이는, 부동산의 강한 연계성 때문이다. 범례로, 미분양아파트나 공실률 높은 상가지역 인근 땅이 폭락하는 경우는 극히 드문 일. 땅은 개별성이 워낙 강한 상품이기 때문이다. 지주 임의대로 움직이는 경우의 수도 다반사 아니랴. 아파트 등 주거용부동산처럼 움직일 수 없다. 미완성물이기 때문에 가격변수 등 변화무쌍한 일이 자주 발생한다. 미완성물이라 미분양이라는 타이틀이 주어지지 않는다.

5. 지목 및 용도(지역) 등에 관한 기대감이 증폭된다. 예) 지목변경, 용도지역 변경 – 개발 및 건축행위과정에서 자연스럽게 발생하는 수순.

지상물은 땅과 달리 지목의 다양성과 무관한 지경(대지상태)이나, 땅은 주변 지목상태의 영향을 크게 받는다(연계성). 용도지역도 매한가지로 영향을 크게 받는다. 내 땅이 비록 비도시지역 내에 포함되어 있을지라도 도시지역과의 연계성이 강한 분위기라면 잠재가치는 높은 것이리라.

　6. 완성단계 및 완성을 준비 중인 땅이 태반 이상. 여전히 공급 과잉에 난개발이 문제인 시대 아닌가. 지방자치제도의 특징(성과물)의 영향을 받는다. 되판다는 전제조건으로, 목표로 매수하는 자가 대부분이다. 즉 투자자가 태반 이상이라는 것이다. 되팔기 위해 매수하는 것이다. 되팔 수 있는 자신감과 그 방법을 잘 알고 있는 자가 고수 중 고수일 터. 단순히 보유 목적, 명목으로 매수하는 자도 있을 수 있겠지만 그 수는 극소수에 불과할 것이다. 다만, 집의 경우 보유 목적으로 움직이는 사람이 기하급수적으로 증가할 것이다. 대형아파트미분양 및 하우스푸어에 대한 두려움이 여전히 클 수 있기 때문이다.

　명품아파트와 명품토지의 기준은 다른 법. 살기 편한 아파트가 명품아파트요 잠재력을 인정 받을 만한 조건의 땅이 명품토지이기 때문이다. 잠재력 수위가 높을수록 환금성도 덩달아 높아지는 법이니까. 잠재력을 구체화+현실화 할 수 있는 능력을 배양하는 게 땅 투자자들의 남은 지상과제이다.

소형부동산의 특징과 부동산 위치

바야흐로, 작은 부동산에 큰 여유공간, 즉 큰 커뮤니티를 원하는 시대. 내가 활용하는 곳은 작으나, 주변 공간은 넓어야 한다는 것이다. 소형빌딩, 소형아파트의 특징이 무엇인가. 공실률과 미분양 확률이 매우 낮다는 것이다. 소형가구와 1인 가구, 솔로족 급증현상과 무관치 않으리라. 대형빌딩, 대형아파트의 특징은 어떤가. 공실률과 미분양확률이 매우 높아 수요량에 문제점이 노출되기 쉽다는 것이다. 가격거품이 심할 수밖에 없기 때문에 하는 말이다. 수요자 입장에서 가격부담감이 크다. 더욱이 부동산 상승세를 믿을 수 없는 상황 아니랴. 과거 부동산 도박, 대박시대엔 대형부동산이 부동산시장을 주름잡았지만 지금은 소형부동산이 주도하여 부동산 존재가치를 인정 받는 추세다. 소형 위주로 부동산 판도가 바뀌었다는 것은, 용도지역 등 외부사안보단 실용성에 더 집중하는 모양새. 즉 건폐율과 용적률의 크고 광활한 모형보다 실질적으로 활용할 수 있는 모토 마련에 집중하고 있다는 의미다. 용도지역이 절대적이지 않다는 것이다. 상황 변수, 상대성이 큰 것이다.

땅의 위치의 중요성 – 땅 위치가 중요한 것은, 현장감(긴장감)과 관련 있기 때문. 또한 위치는 고정인구와 관련 있다. 현장감은 지상물 배치도와 관련 있기 때문이다. 지상물 배치상태가 안 좋다는 건 인구 분포도에 문제가 있다는 거증. 고정인구가 부실한 상태에서 지상물만 잔뜩 들어선다면 지상물 등이 지역애물로 잔존할 수 있기 때문이다. 결국, 땅 위치와 환경은 접근성인 셈. 땅의 급소다.

돈 안 되는 땅보다 돈 되는 땅이 더 많은 이유

돈 안 되는 땅보다 돈 되는 땅이 더 많은 이유는, 땅은 장고 끝에 악수 대신 호수 둘 수 있는 그만의 고유의 성질을 지니고 있기 때문일 것이다. 아파트의 경우, 하드웨어 자체가 낡고 부실해져 주변이 죽으면 덩달아 2배 이상의 속도로 죽는다. 존재감이 상실되는 것이다. 그러나 대지지분인 땅의 일부분의 존재감은 사라질 수 없다. 땅의 힘이다. 끈기와 인내력이 있다면 땅투자 실패하는 경우는 생기지 않는다. 매도가 되지 않아 땅투자 실패라고 단정 짓는 예가 부지기수. 뚜렷한 실패의 기준이 없다 보니 땅 실패라는 말이 무성한 것 아니랴. 땅은 기(끈기)와 힘(인내력)에 의해 작동하는 재화. 잠재력의 표상이라고 단정 짓는 이유다. 땅은 손해 보기 힘든 장기투자의 장르다. 오해 소지가 큰 종목이 땅이다. 돈 되는 땅이 더 많다는 의미는, 시간이 곧 돈이라는 의미다. 돈 되는 땅이 더 많은 상황에서 실패자가 많은 이유는, 하나. 끈기 부족이다. 매도하자 마자 오르더라, 하는 식의 볼멘소리가 많은 이유가 무엇인가. 두 가지 중 한 가지다. 팔자 마자 개발청사진이 들어섰든가, 아니면 투자기간을 지나치게 짧게 잡았든가 말이다. 여하튼, 땅은 투자 실패율이 낮다. 안전한 편이다. 지주 역량이 문제다. 과욕도 한 몫 단단히 하고 있는 게 현실. 5년 묻어놓은 후 5배 상승을 기대했건만 결과는 2배의 수치라면 개인적으로 수치스럽다고 말할 수 있을까. 아니다. 땅 투자자 입장에서 (어김없이 땅투자 실패로 인식하여) 만족감을 느끼지 않아서다. 자기만족도가 현실적이지 않다면 땅투자가 공상만화를 그릴 수 있는 과정이 될 수 있다. 땅 전문가도 지주도 소설가로 인생을 산다. 소설을 그린다. 땅투자 실패확률이 높은 연유다. 결과적으로, 땅투자 실패확률은 낮다. 성공확률 역시 높지 않다. 투자자의 자기만족도가 지나치게 높거나 성공기준이 뚜렷하지 않아서다.

헛수고의 예

투자자는 두 가지 형태. 가격에 대해 예민한 사람과 개발에 대해 예민한 사람이 바로 그것이다. 사람들 관심도가 높으면 사람이 몰리기 마련이다. 이런 곳을 투자처로 여기는 사람도 있다. 사람들 관심도가 낮으면 사람들이 외면할 수밖에 없다. 이런 곳을 투자처로 여기는 자도 있는 법. 싼 맛에 들어가려는 것이다. 장기투자전선에 뛰어든 것이다. 사람이 몰리는 곳은 늘 거품에 시달리기 마련이다. 관심도가 높아 환금성도 높을 것이다(물론, 가격이 싸야 환금화가 쉬울 수도 있겠지만). 개발이슈 있는 곳이 반드시 투자처는 아닐 것이다. 개발이슈는 없지만 싼 가격에 매력을 크게 느껴 투자처로 여기는 자도 있기 때문이다. 사람들 관심도가 높고 사람들이 몰리는 곳은 가격이 비싸기 마련이다. 그런데도 쌀 것을 기대하고 그런 물건을 모색하는 사람들이 있다. 투자 할 수 없다. 그런 물건은 존재할 수 없어서다.

투자시기보다 더 중요한 것

투자시기가 정해져 있는 걸까. 타이밍이 중요할 것이다. 그러나 시간보다 더 중요한 건 위치에 관한 사안. 부동산 투자시기보단 부동산의 위치가 더 중요한 것이다. 위기의 위치가 곧 가치를 대변하는 경우의 수도 많아서 하는 말. 투자기간(현금 묻어놓는 기간)은 부동산 위치에 따라 달라지는 것이다. 투자기간을 단축시킬 수 있는 유일한 방도는, 위치, 즉 접근도가 높은 곳을 선정하는 것이다. 투자기간이 짧아져 환금성이 높아지는 건 당연한 이치다. 가치를 적극 대변하는 것이다. 부동산 투자시기가 적절하다면(투자시점) 부동산 투자기간도 짧아지기 마련이다. 그러나 그것을 생각하기 이전에, 부동산 투자의 위치에 집중력을 보여야 할 터. 그럴 필요 있다. 투자시기는 위치와 직접 관련 있다. 잘못된 위치란, 잘못된 투자시기를 의미한다. 투자시기에 관한 정의를 논하기에 앞서, 투자할 위치에 관해 분석할 필요 있다. 투자기간은 개발기간의 다른 표현. 개발청사진 역시 위치가 중요한 것이다. 접근성이 높아야 한다. 투자기간, 개발기간, 위치와 접근성. 투자자는 이 네 가지를 견제, 견지하지 않으면 안 된다. 개발기간이 짧아지면 당연히 투자자의 투자기간이 짧아져 현금화가 수월해질 것이며, 위치가 좋다면 접근성이 높아져 개발기간 역시 짧아질 수 있다. 개발에 관한 당위성이 높아질 테니까.

가격 위치와 물건 위치

환금성 떨어지는 부동산의 특징은 역시 위치가 형편 없다는 것이다. 가격의 위치가 형편 없거나 물건 존속 위치가 형편 없다면 문제다. 그러나 가격거품이 가장 큰 문제가 될 것이다. 가격 위치가 안 좋다면 거품가격일 수 있다. 가격 위치가 좋은 경우엔 거품 빠진 가격일 것이다. 즉 인근 시세(시계) 대비 저렴한 경우일 것이다. 물건 위치가 안 좋으면 꽝이다. 건부지나 나대지이지만 물건 위치가 안 좋다면 지역애물로 잔존할 게 분명하다. 그러나 맹지나 생지상태지만 접근성이 뛰어난 위치에 놓인 물건이라면 애물이 아닌 보물로 남을 것이다. 존재가치가 높다. 보전가치와 존재가치는 그 의미가 다르다. 보전가치는 규제의 다른 말이므로. 존재가치는 차후 잠재가치로 반전되기도 한다.

결국, 좋은 부동산의 기준, 잣대는 둘로 관철된다. 가격의 위치가 빼어나고 물건 위치가 탁월하다면 사람들로부터 환심, 관심 대상이 될 수 있을 것이다. 역사가 들어선 (혹은 들어설) 땅과 역세권 아파트, 도시형생활주택의 공통점은, 환금성이 높고 잠재성 마저 높다는 것. 그러나 거품가격이라는 인상이 짙다면 도리어 환금성이 낮아질 수도 있다. 환금성 높은 역세권 부동산의 특징은, 인근 시세 대비 저렴하다는 것이다. 아무리 역세권이라도 거품이 앞선 상태라면 그것은 애물 버금가 무의미한 지경. 역세권 물건의 위치보다 가격의 위치가 더 중요할 수도 있다. 큰 거품과 작은 거품 중 후자인 경우가 환금성이 훨씬 유리할 것이다. 희소가치 높은 부동산의 기준은, 가격 위치가 큰 거품에서 벗어난 지역일 터. 큰 거품과 거리가 동떨어진 경우다. 물건 위치는 접근성, 입지가 빼어난 지역에 배치된다. 즉 자연의 위치가 탁월하지 않으면 안 된다는 것이다. 아무래도 한 지역의 용도는, 주거 및 상업, 공업시설(용도)보단 녹지공간(시설)이 훨씬 많을 테니까.

부동산의 부가가치는 희소가치. 차별화를 생명으로 여긴다. 가격의 희소가치가 높다면 긍정적인, 희망적인 물건일 터. 긍정적 평가를 받는다. 물건 위치의 탁월함 역시 희소가치를 높인다. 환금성이 높다. 고수가 접근성 높은 맹지, 녹지, 임야를 선택하는 이유는, 최소비용으로 접근이 가능해서다. 고수가 접근성 높은 농림지역을 선택하는 이유 역시 마찬가지일 터이다. 부동산 위치가 탁월하다는 이유로, 큰 거품(즉 인근 시세보다 훨씬 비싼 가격구도)에 노출되었다면 그 부동산의 희소가치는 떨어질 수밖에 없다. 환금성이 떨어지고 수익성도 떨어지기 마련이다. 큰 거품이기 때문이다. 작은 거품과 구별된다. 즉 부동산 양도차익에서 분명한 차이점이 발생할 수 있기 때문이다. 가격 출발선의 위치가 시원치 않으면 낭패다. 거반 실패다. 시작이 절반 아니랴. 지목과 용도지역의 위치가 가격을 파생, 발현시킨다. 접근성이 떨어지면 당연히 가격도 떨어져야 하건만, 큰 거품이 출현하는 것은 지목과 용도지역에 지나치게 집착한 결과이리라.

땅값상승재료가 타 종목과 다른 이유

주거용부동산가격이 상승하는 재료와 땅값 상승재료는 다르다. 주거용부동산은, 주변의 상업 및 업무용부동산 등 편익시설물들의 영향에 따라 움직인다. 비교적 단순한 편이다. 그러나 땅은 이와 다르다. 가격변수가 다양하다 보니 가격 또한 다양하다. 여러가지 형식의 가격을 분출한다. 소액투자가 가능한 이유다. 주변 시설물과 구조물, 지상물, 공작물 등에 의해 다양한 가격으로 이동, 표출하는 게 일반적. 개발계획의 크기와 정도에 따라 가격이 다양하게 양산된다. 급등을 반복한다. 심지어 개발에 관한 뜬소문 등에도 영향을 미치는 경우도 다반사다. 고정인구에 예민한 상태다. 인구가 증가하면서 가격상승현상이 일어난다. 아파트는 다르다. 인구가 증가한다고 해서 가격이 이동하는 건 아닐 거다. 거래량과 허수와 개미들의 이동반경을 무시하면 안 될 것이다. 아파트 청약광풍에 기대하는 수준이다. 프리미엄에 관한 기대감이 높다. 시세차익 통해 움직일 수 있는 사안이 아니기 때문이다. 시세차익을 볼 수 있는 모토가 사라진 때는 13차 동시분양제도가 자연스럽게 폐지되면서부터일 거다. 그때부터 이미 아파트는 시세차익을 바랄 수 없는 지경. 가격이 게릴라성으로 오르고 내릴 때 역시 마찬가지, 들쭉날쭉한 상태라서다. 타이밍 맞추기 힘든 처지다. 결국 최소비용으로 움직일 수 있는, 최대효과를 노릴 수 있는 명목은 세워진 법. 문제는, 최소비용 대비 최고의, 최상의 노력 없이는 투자에 성공할 수 없다는 점이다. 땅투자자는 최소비용으로 최고의 노력과 열정으로 움직일 만한 투자형식을 고수하지 않으면 안 될 터. 아파트는 프리미엄, 상가는 권리금의 명분이 큰 대신, 땅은 시세차익에 도전하는 종목이다. 투자자의 적극적인 도전의식에 따라 가격구도도 달라진다. 변한다.

땅값 내림폭과 오름폭의 결정요소

땅값은 집값 특질과 달라 어지간해선 하락세를 걷지 않는다. 바닥시세의 땅이 많고 맹지가 많은 우리나라 사정상 말이다. 규제 또한 많다 보니 싼 땅이 지천에 깔려 있다. 집은 완성물. 완성의 여러 단계 별로 가격 극대화가 이루어질 수밖에 없는 구조다. 반대로 땅은 미완성물. 미숙한 면도 많고 결정적인 결점과 흠도 많다. 성숙단계의 집과 다르다. 가격이 다운될 여유공간이 부족하다. 뒤로 돌아갈 여유공간이 말이다. 집과 땅의 차이점이 많지만 그 중 한 가지는, 개발청사진 유무 및 상관관계일 것이다.

땅값 내림폭 – 개발청사진에 관한 실망감 크기

땅값 오름폭 – 개발청사진에 관한 기대감 크기

한 지역 땅값이 미동하거나 역동하는 것은, 기대심리작용에 의한 것이다. 정책이슈와 개발이슈 등에 관한 기대감이 증폭됨에 따라 가격 크기가 결정된다. 달라진다.

　　주의사항 – 기대감의 크기가 과대포장의 크기로 비화, 변절되는 일은 없어야 한다. 자칫 가격 크기가 거품 크기와 동일 할 수 있기 때문이다. 개발계획의 크기가 크다고 반드시 가격 크기가 커지는 건 아니다. 기대감 크기가 곧 가격 크기의 결정요소인 셈. 개발면적(개발규모)과 땅값 크기가 정비례하는 건 아니다. 개발기간이 길고 개발비용이 많다고 해서 땅값이 비싼 이유가 없는 것이다. 개발의 효용성과 효용가치, 즉 그 당위성의 크기가 땅값 크기를 만드는 것이다. 실용적이고 현실적인 개발이슈가 곧 기대감 크기의 잣대가 될 터이다. 정상적인 가격을 창궐할 테니까.

투자자의 두 가지 유형

　　투자자는 변화와 변수를 즐긴다. 반긴다. 절대적으로 반긴다. 기대와 매력으로 받아들이기 때문이다. 현장변화속도를 보고 투자하는 사람이 있고 서류와 언론뉴스의 변화정도를 보고 투자하는 사람도 있다. 개발청사진의 변화속도와 그 효력(현장모습)을 보고 움직이려든다. 물론, 부동산 접근도에 따라 움직이는 사람도 있을 수 있지만 말이다. 기준은 자기자신이 정하기 나름이다. 확신이 들었을 때 투자를 결정하는 것이니까. 투자에 관한 자신감을 남에게 의탁하는, 신탁하는 경우는 불안한 투자이다. 투자전선에 자신감과 자신은 온데 간데 없는 상태이기 때문이다.

현장모습이 자주 바뀌는 모습 속에서 자신감을 얻는 투자자가 있고 개발청사진이나 서류, 언론기사 등이 변하는 모습 속에서 자신감을 쟁취하는 자도 있을 수 있다. 물론, 가격변화의 요인이 중요하겠지만 말이다. 가격변화에 대한 의문에 적정한 명답이 필요하다. 투자에 관한 리스크를 줄이는 방도가 될 것이다. 투자자가 급증하는 모습을 보고 투자하는 자도 있다. 투자자가 몰리면 가격상승속도가 가파라지는 건 당연한 이치.

투자자의 투자 연유는 여러 각도. 자유롭다. 그러나 안전한 투자, 리스크 크기가 작은 투자유형에 적극적이지 않으면 안 될 것이다. 개발청사진이 불요불급하지 않은 가운데, 현장모습도 자주 변하며 투자자도 증가하는 곳이 매력적일 것이다. 개발진행속도가 빠르면 가격상승속도도 빠를 터이다. 안전구도를 달린다. 요는, 불요불급의 개발상황을 전혀 인지하지 못한다면 리스크 크기가 넓은 투자가 될 것이다. 수도권에 투자하면 리스크가 낮고 지방에 투자하면 리스크가 크다는 주의(사고)도 주의(유의)할 사안이다. '지역선정(설정)'보단 '위치와 방향'을 잘 설정+인지하지 않으면 안 될 것이다. 고수의 길을 선택할 것인지 하수 길을 선택할 것인지 제대로 인지하지 않으면 안 된다. 자신이 하수상태라면 고수 길을 미련 없이, 주저 없이 선택해야 할 줄 안다. 믿을 만한 컨설턴트를 선택하는 일 역시 제대로 된 부동산을 선별하는 것 못지않게 중요한 일 아니랴. 초저금리+저출산, 고령화시대에 적정한 투자모드가 무엇인가. 안전이 최우선이다. 안전성의 성질을 우대해주어야 한다. 이동인구가 많아 땅값폭등하는 지역은 불안하다. 상승의 이유가 엽기적이라면 리스크 크기 역시 엽기적으로 클 터이다.

반복적인 부동산공부는 소모전

부동산공부는 필수다. 의식주 중 주가 곧 부동산이므로. 그러나 부동산은 단순히 공부로 끝나선 안 된다. 힘이 필요하니까. 분석이 필요하다. 분석력이 필요하다. 특히 가격분석과 개발에 대한 분석과정은 반드시 밟아야 할 필수코스다. 필요한 덕목이다. 가격공부를 거쳐 분석과정을 거칠게 거쳐야 하는 법. 개발에 관한 것도 매한가지다. 똑같은 과정을 요한다. 요구한다. 가격의 특성과 개발의 특성은 다를 수 있지만 말이다. 가격의 특성은, 개발과정보다 복잡다단할 수도 있다는 것이다. 개별성이 강해 사익이 우선이라서다. 불투명할 수밖에 없다. 신뢰도가 떨어진다. 감이 떨어진다. 공감도와 공유성이 낮다. 개발의 특성은 어떤가. 가격형성과정보다 변수가 다양하지 않다. 개발백지화나 개발진행의 지지부진현상이 개발과정의 전부일 터이니까. 공익성이 강해 비교적 투명하다. 공감도가 중요하다. 개발진행진척도를 높이기 위해서다. 부동산정보를 단순히 개발정보에 국한해선 안 된다. 개발에 관한 분석으로 끝나선 안 된다. 지금은 가격정보보단 개발정보 알아보기가 더 수월할 수 있기 때문이다. 가격 평가, 가격책정과정에서 오차범위가 높다면 투자실패율이 높아질 것이다. 가격평가를 개인적으로 하는 편이 낫다.

개발지역의 특성은, 호가형성이 우선이라는 것이다. 현장변화속도, 서류(토지이용계획) 이동사안 대비 가격이 비정상적으로 형성된다. 해당지역 지주들이 가격을 일방적으로 만들 때 지역부동산업소들이 총동원된다. 이때가 기회다 싶은 것. 가격을 가치로 여긴다. 가격과 가치가 정비례하는 것 같지만 실상은 딴판이다. 개발속도 대비 가격형성속도가 2배 이상 가파른 속도로 달려나간다. 후진 안 한다. 그 자리에 절대 머물 생각이 없다. 새로운 개발프로젝트(원인)가 곧 새로운 가격의 형성(결과)을 의미한다. 개발지역에 거품, 호가형성이 이루어지지 않는다면 오히려 그걸 기현상, 비정상적인 눈으로 쳐다보는 게 상례다. 현실이다. 결국, 개발청사진도 사람이, 가격도 사람이 만들어 내는 것. 그러다 보니 오차, 편차발생은 기정사실화 되었다. 그 폭을 최소로 줄이는 건 개인 몫. 국가와 지자체와 무관하다. 그렇기 때문에 투자는 자기 소신껏 부화뇌동 하지 않은 상황에서 자기판단에 자기주장이 들어간 투자가 필요하다. 자기 책임하에 움직이지 않으면 안 된다.

가격 안정과 개발 안정이라는 두 마리 토끼를 잡을 수 있을까?

땅투자를 성공적으로 가는 방향은, 안정적인 가격 및 개발이슈일 터. 그러나 두 마리 토끼를 다 잡기는 힘들다. 문제는 역시 가격이다. 완벽에 근접한 개발이슈거리는 존재할 수 있지만 완벽에 근접한 땅 가격은 존재할 수가 없기 때문이다. 만족도 높은 개발이슈는 다양하게 분포되어 있다. 개발진행 중인 곳이 많기 때문이다. 그러나 가격에 관한 만족도는 낮다. 불만이 쏟아진다. 헷갈린다. 개발이 안정적이라고 해서 가격이 반드시 안정적일 수 없기 때문이다. 이를 테면, 개발진행지역의 지주들의 과욕이나 지역부동산들의 가격흥정행위로 가격의 일생은 단명인 상태다. 개발과 가격 중 개발에 집중할 수밖에 없는 이유다. 가격은 업계, 시장에서 비교적 저렴하다는 인식이 들었을 때 밀고 나갈 수밖에 없다. 그렇지 않으면 투자가 힘들다. 가격만족도 100%는 없기 때문. 두 마리 토끼 다 잡기 힘들다. 거의 불가능하다.

제대로 된 땅값 알아내기가 쉽지 않은 이유

땅 가격 알아보는 과정에 목숨 거는 사람이 있다. 하수다. 소모전한다. 해당 지역부동산들에 알아본들 정확한 가격을 얻을 수가 없기 때문이다. 여러 이해관계자들이 주장하는 가격은 뒤죽박죽, 들쭉날쭉해 기준이 애매모호한 지경. 물론 투자자가 바라본 입장에서 말이다. 투자를 결정하기 쉽지 않다. 차라리 이럴 바에는 내 스스로 기준을 정해 가격을 정하는 편이 낫다. 그게 유익+유리하다. 개발이슈에 따른 그 효과(긍정의 효과와 부정의 부작용 등)에 따라 내가 감정평가 하는게 낫겠다. 중개인들의 여러 목소리보다 자체 평가에 심혈을 기울이지 않으면 안 된다. 일부 투자자는 지번공개를 요구한다. 충분히 그럴 수 있다. 문제는 가격을 알아보기 위한 지번공개 요구라는 것. 부정확한 과정을 밟기 마련이다. 가격차가 심하게 벌어지기 마련. 같은 가격은 존재할 수 없다. 같은 부동산의 물건이 존재할 수 없어서다. 차라리 개발에 대해 알아보면 나으련만 가격 알아보는 데 집중한다. 집착한다. 시간을 허비한다. 정확한 가격은 존재할 수가 없다. 원하는 가격을 접할 수가 없는 것. 왜? 개발의 종류는 단순한 편이지만(가격 대비) 가격의 종류는 다양한 상태이니까.

가격의 수명은 길 수 없다. 거의 하루살이 인생. 금세 변하기 때문이다. 가격 알아보는 자체가 모순, 무리다. 아이러니한 건, 알아보는 과정 속에서도 가격변화현상이 일어난다는 사실. 가격은 위치에 따라 예민한 반응을 보이기 마련이다. 상황과 위기, 분위기에 따라 가격이 붕괴되기도 하고 기사회생하는 사례도 부지기수로 일어난다. 가격이 매일 변하는 곳도 있는 게 현실. 폭등과 속락을 반복할 수 있는 게 땅이다. 가격에 대한 감정평가방도를 모른 채 투자 기행에 나서는 건 무리다. 안전 기행이 될 수 없다. 과거 대비 농촌 모습이 많이 변했다. 순수하지 않다. 도시와 별 차이 없다. 때가 많이 묻었다. 특히 개발모형이 그려진 곳에서 중개인들과 이장, 주민 등을 만나보면 그 눈빛이 예사롭지 않다. 눈에 힘이 잔뜩 들어가 있다. 땅값에 몹시 예민한 반응을 보인다. 가격 묻는 것 자체가 모순, 무리다. 지주가 강조하는 가격과 중개인들이 주장하는 가격에 이견이 들어간다. 가격결정구도가 심하다. 개별성이 너무 강하다. 객관성이 심히 결여된 지경. 개발사안과 다른 것이다. 성격이 판이하다.

　　땅값은 집값과 다른 성질을 가졌다. 집값은 투명한 편이라서다. 집주인이 일방적으로 함부로 정할 수 없다. 사회적 합의과정이 필요하다. 집값은 나름대로의 기준이 있다. 건설사와 정부가 그 선을 만들 수 있다. 그러나 땅값은 건설과 개발이라는 단어가 통용될 수 없는 지경. 그런 단어를 난발하면 사기를 의심 받을 수 있다. 침소봉대할 수 있다. 땅값은 기준이 없다. 집은 완성된 부동산이지만 땅은 미완성의 부동산. 이런 특징과 차이로 인해 집은 가격이 이미 정해진 상태에서 거래시장에서 그 존재감을 알릴 수 있으나, 땅은 그런 상황이 아니다. 가격 미정 상태에서 거친 토지시장에 나온다. 지주가 일방적으로 정해도 뭐라 할 사람 없다. 대통령도 참견할 수 없다. 개발계획과 다른 점이다. 개발에 대한 건 국가원수와 정치인들의 합의가 필요하지 않는가.

정직한 땅값이 많지 않은 이유

땅은 지상물과 달리, 그 가격 책정방법이 들쭉날쭉, 기준이 애매모호하여 개별성이 농후하다.

땅값을 만드는 요소

1. 직접적인 요소 – 접근성, 지목, 용도지역 등은 시세를 형성하는 재료들. 현재 상황이니까.

2. 간접적인 요소 – 개발청사진(미래상황으로, 거품가격을 형성한다. 미래가 곧 잠재력이라는 모토로 거품가격을 만드는 것). 접근성은 위치. 위치를 적극 대변한다. 접근성은 현재상황. 따라서 개발청사진이 현재상황과 직접적으로 연관 있다고 보는 것. 연결되지 않으면 안 된다. 접근성이 떨

어지는 곳(예-오지)에 개발계획이 수립되었다면, 개발진행과정에 암초가 발생할 수 있을 뿐만 아니라, 개발효과도 의심 받게 되기 때문. 땅값에 관한 부담감이 큰 것은, 직접적인 요소보단 개발청사진인 간접요소가 크게 작용하기 때문이다. 즉 '시세+거품'이 문제인 것. 마치 신도시지역의 아파트에 프리미엄이 마구 붙는 바람에 미분양현상이 일어나는 것처럼 땅 역시 거품이 만연한다면 장기 소강세에 빠질 수밖에 없는 것이다. 화려한 개발청사진에 살인적인 거품증상이 일어난다면 해당지역은 유망지역으로 이미지가 강할 수 있지만 거래선은 쉽게 파괴될 것이다. 투자가치가 낮아질 수밖에 없기 때문. 최초가격에 강한 흠집이 든다면 소액투자자를 비롯한 많은 예비투자자들로부터 외면당할 것이다. 거품증상은 소액투자자의 접근을 힘들게 만든다. 장식적이고 정치적인 개발청사진은 허수와 매일반. 마치 아파트 청약 광풍의 견본주택과 같은 것이다. 높은 청약률이 높은 계약률을 보장하는 건 아니니까. 화려하고 거창한 개발계획이 해당지역의 미래, 즉 잠재력을 보장하는 건 아니다. 변수가 많다. 허수는 하수들이 만들어 놓은 변수의 일종. 개발계획이 거품에서 자유롭지 못한 이유다. 실현 가능성이 높은 개발계획이라면 어느 정도 현실적인 가격이 책정되겠지만 그 이외는 비현실적, 비정상적인 가격이 책정되기 일쑤다. 정직한 땅값이 많지 않은 이유는 난개발 때문이다. 시도때도 없이 부는 불

필요한 개발계획의 바람이 미분양과 높은 공실을 낳고, 거품의 온상을 유발하는 것이다.

땅을 앙모하는 자

견주(개주인)는 개의 개성을 잘 알아야 한다. 모르면 자신의 개에게 물릴 수도 있다. 오랫동안 아무일 없이 잘 지내기 위해선 개의 성질인 개성을 잘 견지해야 할 터. 지주(땅주인)입장이라고 크게 다를까. 다르지 않을 거다. 땅의 개성인 잠재성조차 견지하지 못한 상태라면 지주는 늘 불안할 수밖에 없다. 땅 고유의 성질을 모른 채 보유한다면 문제점이 노출되기 마련이다. 개를 재테크 수단으로 삼는 자는 그리 많지 않을 것이다. 10만원에 사서 10년 후 20만원에 팔 수 없지 않은가. 개는 늙지 않을 수 없는 신체 구조를 가진 상황이니까. 땅과의 큰 차이점이다. 반려견과 애완견, 그 의미는 상이하다. 땅 역시 보유 목적의 땅과 투자 목적의 땅은 그 의미가 다른 법. 전자는 실활용에 근접한 땅이지만 후자 경우는 빠른 환금화를 위한 땅이기 때문이다. 무엇보다, 지주는 땅의 진리를 잘 알고 있어야 할 것이다. '완벽한, 온전한 땅은 존재+존속할 수 없다' 는 오랜 진리 말이다. 완벽한 땅값은 존재할 수 없기 때문이다. 아파트가격의 보존기간(평당가격)보다 땅값의 보존기간이 훨씬 짧을 수밖에 없는 것이다. 이는 완성물과 미완성물의 차이다.

땅 개발 – 국가와 지자체, 민간개발업체가 만드는 상황. 개발 평가기준이 투명할 수밖에 없다.

땅 가격 – 개인이 얼마든지 맘껏, 재량껏 만들어낼 수 있다. 땅 주인과 지역부동산업자가 가격을 새롭게 매일 만들 수 있다. 가격평가기준이 들쭉날쭉+불투명 할 수밖에 없다.

재차 강조하지만, 완벽한 땅은 절대 존재할 수 없다. 땅은 미완성물. 미완성 부동산이다. 가격도 미완성 상태인 것이다. 땅은 가격구조 뿐 아니라 아파트 등 집합건물과 다른 점이 또 하나 있다. 땅은 보전가치 높은 땅과, 보전가치 낮은 땅으로 분류된다. 사람은 자연(땅)과 다르다. 모든 사람은 보전가치가 높아서다. 평등하다. 그러나 땅은 평등할 수 없다. 위치(신분)가 형편 없는 사람을 보전가치가 낮다고 함부로 평가할 수 없는 법. 권익보호 대상이 인간 아니랴. 위치가 땅의 신분을 바꾼다. 보전가치가 낮다는 뜻이다. 지주가 개발이 필요한 상태의 땅과 인연을 맺은 것이다. 인간은 누구나 존재가치가 있다(이 세상에 태어날 때부터). 땅과는 절대적으로 다른 법. 다만, 그 크기의 차이만 있을 뿐 잠재성 없는 인간은 없다. 땅과 달리 존재 자체가 인간의 존엄성을 의미하는 것 아니랴. 인간의 존엄성조차 견지 못하는 자가 지주가 된다면 부동산시장과 국토가 황폐화될지도 모를 일이다.

투자하기 전에 투자자가 바로 인지할 점

투자자가 인지할 사항은 많으나, 그 중 한 가지는 투자지역(투자처)과 비투자지역(실수요처) 구분하는 방법을 알아야 할 것이다. 고정인구가 많지 않은 곳은 잠재성을 기대하기 힘들다. 땅의 잠재력은 고정인구의 증가에 있지 않은가. 고정인구가 꾸준히 증가하는 곳은 투자처 기준 0순위(이유 없이 인구가 증가하는 일은 없다). 가격 역시 꾸준히 상승하기 때문이다. 평창의 경우, 투자자는 올림픽대회 즈음 빨리 빠져나오지 않으면 안 될 것이다. 관광지 투자는 시세차익보단 수익형부동산으로 활용하는 게 현명할 것이다. 관광공간은 숙박시설(펜션, 호텔 등)이 반드시 필요한 공간이므로.

관광지가 투자처가 되기 힘든 까닭 - 장기투자종목이므로. 유동인구의 불규칙한 이동 때문이다. 타이밍이 중요한 이유다. 치고 빠지기 잘못하면 낭패다. 비수기와 성수기로 구분한다. 오판은 화를 부른다(예. 스키장은 여름이 비수기, 골프장은 겨울이 비수기). 쇠퇴기가 비수기는 아니다. 착각이 오판을 부를 수 있다. 관광사업은 택지건설사업과 그 차원이, 색이 확연히 다르다. 국가 주도로 신도시 등은 건설하나, 관광

개발은 지자체와 민간차원에서 이루어지는 게 상례. 진행속도와 그 타당성, 당위성에 문제가 생길 확률이 높은 이유다. 예산확보가 가장 큰 걸림돌이다. 투자자 확보가 숙제로 남는다. 지자체는 민간개발업체와 손발이 잘 맞아야 개인투자자(수익형)가 늘어날 수 있다. 기대심리가 증폭되지 않으면 움직이지 않는다. 수익구조에 빨간불이 켜진다면 개인투자자는 외면할 수밖에 없다.

투자처와 비투자처 기준

부동산에 대한 관심도가 높은 사람은, 특히 땅투자에 관심 많은 사람들은 지역에 관심이 많은 것 같다. 지역명성에 신경 많이 쓴다. 대한민국 구도를 애써 이등분하니 말이다. 어떤 때는 본의 아니게 지역감정을 유발하기도 한다. 투자지역과 비투자지역(실수요처)으로 나누는 과정에서 문제가 발생한다. 비투자지역은 이미 정해진 사안. 전원생활이 가능한 곳, 그리고 오지, 관광이미지가 강한 곳이 그 실례. 전원생활과 오지, 관광의 이미지가 강한 곳의 특징 중 하나는 인구가 5만명 이하라는 것이다. 유동인구가 고정인구를 압도하는 지경. 투자지역의 이미지가 강한 곳의 특징 중 한 가지는 유동인구 대비 고정인구증가세가 압도적이라는 것이다. 각종 편의, 기반시설, 지상물이 급증하니 지역랜드마크가 발현할 터. 땅값상승세를 기대할 수 있는 이유다. 땅투자에 관심도가 높은 사람들이 주목하는 지역은, 서해선 개발수혜지역일 것이다. 인구증가율이 만만치 않아서다. 희망적이다. 경강선 대비 서해선에 관심 갖는 사람이 급증세다. 특히 서해선 종착지점인 장항선 홍성이 폭등기미를 보일 것이다. 오지이미지에서 탈피할 절호의 기회다. 실수요처도 될 수 있고 투자지역으로도 각광 받을 만한 잠재력 높은 곳 아니랴.

관광지역이 온전한 투자처일까?

부동산 매수예정자는 매수예정지를 정할 때 실수요처와 투자처로 애써 구분할 수밖에 없다. 가치의 경중을 따지지 않을 수 없기 때문이다. 가치가 곧 투자가치와 실수요가치 아니랴. 둘로 대별되는 건 숙명적. 투자지역엔 투자자만 몰리기 마련이다. 실수요자는 접근이 불가능한 상태다. 건축물 없는 상태에서 개발계획도만 존속하고 있기 때문이다. 허수와 거품이 만연할 수 있는 구도다. 실수요지역엔 실활용자 뿐만 아니라 투자자도 진입이 가능하다. 실수요가치와 투자가치가 정비례하기 때문이다. 주의할 점이 있다. 관광지역의 실수요가치(예-숙박시설활용)가 곧 투자가치로 반드시 이어질 수는 없다는 것이다. 숙박시설 등은 주거시설과 서로 다른 성질을 지녀서다. 관광지역은 고정인구보단 유동인구 주도로 형성된 곳이나, 주거지역은 유동인구보단 고정인구세력이 더 강한 상태의 곳. 곧 관광지역은 투자지역으로 견지+견제하기보단 실수요처로 재활용하는 게 낫지 않나 싶다. 혹은 장기투자지역으로 여기는 게 현명할 것이다. 관광은 곧 휴양의 의미로, 주말용으로 활용 가능하지 않으랴. 실활용으로서의 가치가 더 높다고 보는 것. 주거시설의 투자가치와 다르다. 주거용 고정인구와 관광용 고정인구(예—숙박시설 운영자)와는 다르다는 것이다. 단, 관광지역이지만 주거지역이 안정적으로 형성된 상태라면 투자가치가 높다 할 수 있겠다. 결국, 관광지역과 주거지역이 공존한 상태라면 안정적인 투자가 가능하겠지만, 주거지역과 전혀 상관 없는 관광지역이라면 투자처로 활용하기보단 실활용명목으로 전적으로 움직이는 게 유리할 것이다. 유동(관광)인구상태만 보고 투자하는 건 무리다. 고정 (주거용)인구가 밑바탕이 되어야 마땅하리라.

토지가치의 기준(3가지)

1. **행정적인 면**(인공적) – 용도 활용의 극대화 가능(건폐율, 용적률 활용).

2. **환경적인 면**(태생적) – 접근성(인위적으로 높일 수 없다).

3. **개발청사진**(개발이슈)

활용가치는 1번, 투자가치는 2번, 3번과 관련 있다. 그렇지만 활용가치든 투자가치든 2번을 최우선시 해야 할 것이다. 접근성 저하와 전원주택이 난발하는 세상 아니랴. 전원형빌라, 전원형아파트까지, 심지어 전원형원룸이 속출하는 판국이다. 나홀로 주택이 주변까지 나홀로일 수는 없는 법. 접근성이 떨어지는 곳, 고정인구가 적은 곳에 개발계획이 잡혔다면 개발완료까지 오랜기간을 필요로 할 것이나, 개발완료 시 주거시설의 미분양현상과 상업시설물 공실이 심히 우려된다. 결국, 기대감만 클 뿐 결과치는 예상을 크게 벗어날 확률이 높다. 빠른 시일 내에 빠져나오기 위해선 높은 접근성과 더불어, 안정적인 주거 및 고정인구상태를 눈여겨 보아야 할 것이다. 환경적인 사안, 즉 위치(접근도+태생지)를 변환시킬 수 있는 힘은 인간에겐 없다. 설령 변환이 되더라도 반세기라는 어마어마한 시간을 필요로 한다.

부동산부자와 부동산거지의 차이점

부동산부자와 부동산거지의 공통점은 없다. 부동산부자는 자족능력을 소유하고 있으나, 부동산거지는 만족을 못 느끼기 때문이다. 부동산부자는 부동산투자에 올인 안 하나, 부동산거지는 인생역전용으로 부동산을 소유하겠다는 다짐을 시시때때로 틈만 나면 반복하려든다. 못 말린다. 부동산부자는 장기투자종목으로, 혹은 포트폴

리오기법 상용에 매진하나, 부동산거지는 단타에 조급증까지 보인다. 크게 노출한다. 부동산부자는 강의를 듣고 자신이 직접 강의를 하지만, 부동산거지는 강의 듣는 것에 자족한다. 지나치게 수동적으로 움직인다. 즉 투자에 관한 응용력과 분석이 부동산부자가 훨씬 앞선 모형. 부동산부자는 컨설턴트와 대화를 하지만, 부동산거지는 일방적으로 경청하는 스타일. 부동산부자는 실패확률을 줄이는데 집중하나, 부동산거지는 대박 향해 전진하려든다. 뜬구름 잡는다. 즉 부동산부자는 안전성 위주로 움직이지만, 부동산거지는 수익률 극대화에 매진한다. 즉 순서가 뒤바뀐 것이다. 양말을 먼저 신고 신발을 신어야 하는데 신발 신고 양말을 신고 만다. 부동산부자는 사람을 돈으로 여기지만, 부동산거지는 부동산을 돈으로 여긴다. 부동산부자는 현실과 미래를 함께 들여다 보되, 현재 모습을 통해 미래를 관측하려 애쓴다. 부동산거지는 미래청사진의 자료를 모색하는 과정이 불안하다. 과거 성공신화를 적용+도용하려드니 말이다.

부자가 망해도 3년은 간다고 했던가. 과거 격언일 뿐이다. 한순간에도 망할 수 있는 시대이기 때문이다. 영원한 부동산부자는 없다. 영원한 돈 주인 없다. 수시로 바뀐다. 도박으로, 그리고 명예실추, 실수로 한순간 몰락할 수 있다. 영원한 부동산거지도 없다. 부동산부자이면서 부동산거지처럼 사는 사람도 있다. 자족을 모르는 과욕에

젖어 사는 인생이기 때문에 존재할 수 있는 것이다. 사고와 실수는 한 순간 발생한다. 마치 교통사고가 예고없이 발생하는 것처럼 쪽박 역시 사전에 예고하지 않는다. 부동산부자가 부동산거지보다 수적 열세인 까닭은, 현실에 불만족스런 자가 많아서다.

5층 규모의 상가용소형빌딩의 주인인 40대 초반의 김모씨는 경매를 통해 빌딩부자로 살 수 있었지만, 몇 해 전, 건물 1채를 무리하게 담보대출 통해 구입하는 바람에 가계에 태풍이 분 케이스. 공실률이 높아지면서 운영상 문제점이 크게 노출된 것이다. 매달 이자 부담이 커 건물이 공중분해 될 위기에 놓인 것이다. 은행이자 부담 때문에 월세가 인근 부동산보다 훨씬 높은 수준이라 공실률이 높을 수밖에 없다. 김씨는 상가용빌딩 한 채로 자족할 줄 알고 거기에 집중하지 못한 탓이 큰 것이리라. 빌딩 1채를 더 구입하겠다는 생각을 하기 이전에 자족 공부와 연구를 진행했어야 했다.

어떤 땅이 좋은 땅인가?

어떤 땅이 좋은 땅인가? 추상적인 질문이 될 수 있으나 잠재력 큰 땅이 좋은 땅일 것이다. 그 잠재력을 어디서 모색하느냐가 최대 관심사다. 관건이다. 투자할 때 시간(때, 투자기간)이 우선일까? 아니면, 장소(위치, 투자의 장소)가 우선일까? 정답은 장소일 터. 위치가 좋으면 투자기간이 단축될 테니까. 한편으로는, 투자시점보단 투자지점(위치)에 더 신경 쓰지 않으면 안 되는 이유가 될 터. 간혹, 독자 중 '투자시점을 알려달라'는 주문을 하는 경우가 있다. 여윳돈 없는 상태에서 그런 질문을 던진다면 우문이다. 무리한 대출을 통해 움직일 가능성이 농후하므로.

접근성(위치)을 눈여겨보지 않으면 장기전에 돌입할 수 있다. 리스크 크기가 눈덩이처럼 커진다. 대박 터질 만한 곳을 모색할 게 아니라, 우선은 접근성 좋은 땅의 필요성과 그 기준에 대해 심도 있는 공부를 해야 할 것이다. 리스크 크기를 줄이는 유일한 방도라서다.

땅투자의 신중함과 과감함

투자가 쉽지 않은 이유는, 신중하되 과감하지 않으면 안 되기 때문이다. 문제는, 지나친 신중함이다. 핵심과 급소를 모색하여 거기에 집중하지 못한다면 소모전에 시달릴 수밖에 없다. 중요한 부분과 덜 중요한 부분을 상고할 필요 있다. 전자는 장점, 후자는 단점. 만약 단점이 치명적이지 않다면 장점에 집중도를 높일 필요 있다. 왜냐, 완벽한 아파트는 있을 수 있겠으나 완벽한 땅은 존재할 수 없기 때문이다. 중심상업지역의 지상물은 존재하나, 중심상업지에 땅은 없다. 있다 해도 존재가치가 높아 희소가치가 높다. 모색이 쉽지 않다. A급 땅, 최고의 땅, 명품 땅이란, 잠재력이 높은 땅이다. 땅값은 개별성이 강해 가격이 정해진 게 없어서다. 아침저녁 조석으로 가격이 변한다. 지주 임의대로 자주 바뀌기 쉽다.

여하튼, 신중할 수 있는 방법을 모색하여 소모전 과정을 겪지 말아야 할 것이다. '완벽한 땅 모색여정=땅 투자 불가능'이라는 등식을 믿어야 한다. 규제 없는 수도권지역 없고 단점 없는 지방 땅이 존재할 수 없기 때문이다. 현장감과 접근성이 높은 지역의 특징은, 규제의 온상이라는 점. 난개발을 방지하지 않으면 안 되기 때문이다. 현장감과 접근성이 낮은 지역의 특징은, 규제와 거리가 멀다는 점이다. 개발을 갈망하는 입장이므로. 개발과 규제는 함께 다닌다. 떨어질 수 없다. 규제를 두려움의 대상으로 여기지 말아야 하는 이유다.

고수의 우선순위

고수의 우선순위 – 땅의 위치에 집중한다.

중수의 우선순위 – 용도지역에 집중한다.

하수의 우선순위 – 개발청사진에 집착한다. 개발계획 없는 땅을 땅으로 보지 않는다. 애물 취급한다. 땅 살 기회를 스스로 없애버린다. 박탈한다. 자신과 싸움에서 대패한다.

예비투자자는 자신만의 투자의 기준을 만들 것이다. 그러나 잘못 만든 투자의 기준과 방법이 실수를 부를 수 있다. 투자의 최우선순위를 잘못 지정하여 패착을 두고 만다. 고수의 우선순위는 땅의 위치다. 거기에 집중한다. 현장분석에 신경 쓰는 이유다. 현장 접근성과 주변 잠재력의 재료가, 주변과의 영향력인 것. 개발청사진에 집착하는 하수와는 다른 부동산철학을 가지고 있다. 하수는 변수 말고 불규칙한 개발청사진을 통해 미래성을 관찰하려 든다. 실패확률이 높은 이유다. 용도지역에 집중하는 자도 있다. 중수의 경우, 우선순위가 용도지역이다. 투자자 입장에선 2순위가 되어야 하건만 용도에 집중력을 보인다. 인구증가세 속 개발이 필요했던 과거엔 용도지역에 집중했다. 그러나 지금은 상황이 역전되었다. 난개발의 영향 때문이다. 소형부동산 즉, 건폐율과 용적률 등 공간 활용도가 공간의 넓이보다 중요한, 우선순위인 시대다. 놀고 있는 건폐율과 용적률은 가치가 낮다. 기대감이 낮은 것이다. 소형부동산에 투자자가 집중적으로 몰리는 이유다. 수위타자(최고의 타율을 보유한 야구선수)는 스트라이크존을 넓게 본다. 최고의 투자자, 성공확률을 높이는 투자자는 용도지역을 넓게 본다. 미래가 넓기 때문이다. 과거가 0일 때 현재는 비좁다. 그러나 미래는 광활하다. 끝이 안 보이는 이유다. 도시지역은 비도시지역 대비 그 분포도가 16%대이므로 선택의 폭이 넓지 않다. 도시 집중도가 높은 우리나라엔 도시의 실수요자 집중도가 높은 편이다. 여전히 아파트투자자가 급증하는 이유다. 투자가치가 높을 것 같지만, 실상은 딴판. 돈 놓고 돈 먹는 식으로 움직이려 든다. 대박, 도박 논리가 통용될 리 만무. 최소비용으로 출발하여 안정적인 수익구도를 그리는 게 도리일 법하다.

고수의 노림수 – 언제나 역시 위치다. 거품가격과 거리가 멀다. 위치 외의 것을 바라보면 무리다. 그 이유는, 투자자가 바라보는 시각이 지나치게 높기 때문이다. 현실보단 이상을 꿈꾼다. 개발청사진 의존도가 높은 하수의 모형은 불안하다. 공부(공적서류) 의존도 높은 경우는 투자자 모습으로는 어색하다. 실수요자 모형이다. 용도지역과 개발청사진에 집중하는 경우, 자료(서류 등)에 의존하는 형태다. 그러나 위치에 집중하는 경우는, 현장에 의존하는 형태다. 현실적이다. 눈높이를 자신의 상황에 맞춘다. 적극적으로 말이다. 공격적으로 접근한다. 거리를 좁힌다. 이상에 맞추지 않으려는 노력이다. 목표점(수익률)이 비현실적이라면 곤란하다. 개발청사진은 목표점이 안 보인다. 용도지역보다 높다. 용도지역은 건폐율과 용적률(현상태)이 존재하기 때문이다. 개발청사진은 미래. 예측에 의존한다. 개발이 반드시 필요한 곳을 모색해야 하는 이유다. 용도지역은 이미 정해진 위치이지만 개발청사진은 위치를 지정하는 입장. 변수가 심하다. 어디로 튈 지 모를 럭비공과 진배 없다. 개발 위치가 중요한 이유다.

　　하수와 고수의 차이는 바로 급소 발견의 차이인 법. 고수와 하수의 차이는, 여러가지. 고수는 투자를 실행에 옮기기 쉽지만 하수는 장기관망세에 자주 빠진다. 스스로 빠져나오기 힘들다. 급소 찾는 데 고민과 갈등이 심해서다. 고수는 급소를 현실적인(실현가능성이 높은) 잠재성에서 찾지만 하수는 엉뚱한 곳에서 잠재성을 찾는다. 곧 고수는 접근성에서 잠재성을 찾지만 하수는 개발청사진과 조감도 등 미래의 그림속에서 급소를 발견하려 한다. 찾기가 쉽지 않다. 장기관망세에 빠지는 이유다. 고수가 현장답사에 집중할 때 하수는 서류와 자료에 집착하는 이유다. 높은 접근성을 통해 현장감의 탁월함을 목격, 모색할 수 있다. 접근성이 높다면 고정인구 등 인구유입이 수월할 것이다. 이래저래 높은 접근성은 여러모로 유리한 고지를 점령할 수 있는 것이다. 결국, 유리한, 안전한 부동산은 높은 접근성을 동반하는 것이다. 부동산의, 땅의 급소는 접근성이다. 접근성의 높낮이로 평당가를 정하는 게 정석, 정도이다. 개발청사진 하나로 가격을 평가하기는 무리다. 개발계획이 취소되거나 흐지부지, 백지화 되는 날엔 결과를 기다리기에 앞서 실패의 굴레에 빠지기 때문이다. 오지에 개발계획이 잡혔다면 불안하다. 접근성을 높일 수 있는 터전 마련이 시급하다. 접근성은 자연적인 면이 워낙 강해 쉽게 접근성이 높아지지는 않을 터. 갈수록 낮아질 수도 있다. 맹지가 상업지로 변신할 확률은 갈수록 낮아져 상업지는 마치 아이처럼 희소가치가 높아질 것이다.

땅이 맹점이 많은 장르인 건,
미완성 하드웨어 상태이기 때문이다.
주변변화와 다양한 변수에 의존할 수밖에 없다.
긍정적 사고방식을 가진 자가
투자할 확률이 높은 이유는, 단점을 장점화,
즉 잠재성을 파악할 수 있는 능력과
자세를 겸비하고 있기 때문이다.

● ● ●

Chapter

02

부동산투자의 안전성에
주력하라

부동산투자의 안전성에 주력하라

단순히 개발이슈거리에 혹해 맹지 땅을 매수하는 행위는 위험천만하다.
땅투자 하는 이유가 개발청사진에 국한되어 있다면 리스크가 클 수밖에 없다.
현장이 어느 수위 뒷받침 되어야 한다.

안전구도를 걷기 위해 투자자가 견지 할 점

1. 땅투자에 관한 재인지, 재인식이 긴요하다. 땅투자는 돈 투자의 행위가 아니다. 시간투자의 행위이기 때문이다. 열정과 철학(노하우와 왕도)을 투자하지 않으면 안 된다. 많은 돈으로 시작한다고 많은 돈을 버는, 즉 돈 놓고 돈 버는 도박식 투자모형이 절대 아니기 때문이다. 집은 돈으로 매수하나, 땅은 돈으로 매수하는 게 아니다. 땅은 잠재력을 염두에 두지 않으면 안 되는 부동산종목이므로. 부동산종목 중 유일무이한 미완성 무기체가 땅 아니랴.
2. 조망권과 사무실(업무시설). 부동산 가격거품은 산속과 그 주

변에서도 발현할 수 있다. 조망권이 평당가 기준+잣대가 되는 게 현실이다. 마치 주거시설인 양 마구 거품을 집어넣는 경우도 의외로 많은 상황. 그러나 가파른 언덕이 위험하다. 겨울철 빙판길이 위험하다.

예) 서울 남산(염화칼슘 보관하는 집이 많다)

남산 높이는 262미터. 서울특별시 랜드마크 중 하나가 남산이요 남산의 랜드마크는 N서울타워(용산로2가)라 할 수 있겠다. 사무실 임대료가 남산 조망권 영향을 받는 게 사실이다. 도시 속 자연의 녹지공간을 목격할 만한 곳이 남산이다.

3. 명문대 앞의 부동산가치와 비명문대 앞의 부동산가치. 가치기준이 유치하기 짝이 없다. 그러나 정원미달 대학 앞의 부동산엔 문제가 있다. 원룸 공실률을 높일 수 있기 때문이다. 명문대와 비명문대의 특징은 취업률과 무관하다는 점이다. 그러나 명문대는 정원미달현상이 일어나지 않을 수 있다. 그러나 오지속 비명문대인 경우 정원미달이 속출한다. 입지현황이 안 좋아서 일 거다.

4. 지하철역과 많이 떨어졌다고 해서 가격을 마구 떨어뜨리면 안 된다. 이는 부동산후진국 모형 아니랴. "접근성=지하철, 접근성=버스"이니까.

5. 성공한 사람은 좋은 사람을 만난 사람이다. 땅투자 성공자역시 좋은 사람들을 만난 사람이다. 예) 좋은 컨설턴트와 좋은 지주들

성공투자자는 좋은 도로를 만난 자이다. 도로는 부동산의 생명줄이다. 나쁜 도로는 부도난 부동산. 도로를 만났지만 불행하게도 나쁜 도로(접근성 떨어지고 사용량 떨어지는) 만나 개고생한 자도 의외로 많다. 무조건 도로와 접했다고 해서 좋은 부동산이라고 단정짓지 말아야 하는 이유다.

부동산 투자자의 3대 의무조항

부동산 컨설턴트의 고객을 향한 의무사항이 중요하듯 투자자 역시 의무사항에 지배 받는 건 매한가지 입장이다. 의무조항 준수에 게으름 떨면 큰코 다칠 수 있다. 부동산 투자자의 3대 의무사항 중 첫 번째 사항은 정보입수과정이 중요하다는 것이다. 가격의 중요성보단 개발의 중요성에 집중하지 않으면 안 된다. 브리핑을 경청하되 가격을 정확히 조율하기보단 개발사안에 집중할 필요 있다.

예비투자자 A씨는 부동산 컨설턴트 B씨를 통해 화성에 대한 개발청사진과 그 매력을 잔뜩 듣고 나서 한숨을 크게 내쉬었다.

A씨 : 땅은 좋지만 가격이 너무 비쌉니다. 혹시 싼 땅은 없나요?

B씨는 인근 오산의 싼 땅을 추천했다. 그러나 투자 결정이 쉽지 않은 상황.

A씨 : 개발이슈가 없어 안 삽니다.

A씨와 B씨의 설왕설래는 오래가지 못했다. A씨가 문제 있다. 개발과 가격에 대한 만족도는 같지 않다. 늘 가격에 불만족하니까. 거품 인상이 짙다. 개발청사진 대비 가격은 정비례하기 마련 아니냐. 가격과 개발 둘다 맘에 들면 투자할 수 있는 법. 그러나 현실적으로 가격이 100% 맘에 들어 투자하는 경우는 있을 수 없다. 가격변수속도가 개발변화속도보다 훨씬 빠른 게 사실 아니냐. 개발프로젝트는 일단 정해지면 장기간 이어지나, 가격사안은 오래가지 않는다. 요는, 개발 집중도를 높이는 게 해답일 거다. 투자를 하겠다는 의지가 강한 상태라면 말이다. 가격 집착도가 높다면 투자의 맘만 평생토록 간직하고 사는 것이다. 상상력만 팽만, 풍족한 것이다.

그리고 역시 항시, 현장감과 접근성을 감지할 필요 있다. 현장 답사과정에서 바로 인식할 점이다. 마지막으로는 컨설턴트와 나의 문제의 해결이다.

컨설턴트 : 나 = 1:1(바람직한 관계 구조)

컨설턴트 : 나 = 3:1(바람직할 수 없는 구조. 왜? 배가 산으로 가니까)

컨설턴트와 내가 1:1관계이어야 하는 이유는, 투자는 신중하되 빠른 판단력과 결단력을 요구하기 때문. 부동산전문가 3명 이상을 만나보면, 투자기법과 그 기준이 서로 상이함으로 투자자가 투자를 결정하기 쉽지 않다. 결단력 내리기 바로 직전엔 컨설턴트와 나, 단둘이

서 결정한다. 선택한다.

강한 선입견은, 투자를 가로막는 큰 장애

"농업진흥구역이라 안 산다"

"맹지라서 싫다"

"그린벨트라서 싫다"

"생산녹지지역이라 싫다",

"농림지역이라 싫다"

"맹지인데 왜 이렇게 비싸지??"

이런 질문들은 거반 실수요자 입장에서 주장할 수 있는 사안들일 것이다. 결코 투자자 입장에서 할 수 있는 질문들은 아니다. 이런 우문들을 하기 전에 해당지역이 개발진행지역인지를 알아보는 게 순리일 것이다. 다행히 내가 매수한 땅이 개발청사진 안에 포함된 상태라면 규제가 풀릴 게 분명하니까. 희망을 가질 수 있다. 만약, 개발청사진 안에 포함되지 않은 상태라면 위의 조건의 땅들은 지역애물로 잔존할 것이다. 100% 실패다. 이중고를 겪을 수밖에 없기 때문이다. 거품가격에 한 번 손상을 크게 입고 개발호재 하나 없는 땅에 희생제물이 되는 것이다. 그러나 다행스럽게도 그 반대 현상이 일어난다면 2배이상의 시너지효과 덕을 톡톡히 볼 수 있을 것이다. 즉 개발진행지역

안에 포함된 호재거리 하나와, 규제해제라는 대변혁이 바로 그것. 땅값이 2배 이상 오를 수 있는 모토가 마련된 지경인 것이다. 그렇기 때문에 땅 투자자는 개발계획지역에 투자를 하든 개발진행지역에 투자하든, 그 정황에 따라 탄력적으로 융통성 있게 움직여야 할 것이다. 용도, 지목, 도로 등 소소한 사안보단 개발지역에 관한 분석이 앞서지 않으면 안 된다. 개발은 용도가 하향상태의 지역에서 자연스럽게 이루어지는 법. 자연녹지지역이 상업지역이나 주거지역으로 변하는 경우도 있어서다. 도시지역 상업지역 땅을 개발하는 것은 신개발이 아닌 재개발 형태다. 개발의 의미는 거의 무에서 유를 창궐하는 과정.

개발이 필요한 경우는 두 가지다. 인구팽창에 따른 각종 편의 및 주거시설물 부족현상에 의한 개발과, 낙후지역에 관한 개발의 필요성을 집대성하는 경우라 하겠다. 전체적으로 인구감소현상이 일어나기 때문에 아무래도 후자 경우가 다반사일 수밖에 없다. 그렇기 때문에 뿌리 깊은 고착관념에 관한 정밀한 분석이 필요한 것이다. 낙후지역의 용도와 지목, 도로가 양호한 상태일 수는 없는 법. 모두가 하향세일 수밖에 없기 때문이다.

부정적인 시각으로 땅 살 수 없는 까닭

부정적인 시각으로 땅 살 수 없는 이유는 단점을 장점화, 보완

할 수 있는 과정을 밟지 않기 때문이다. 장점화, 긍정화 시킬 만한 능력이 없는 상태다. 땅의 단점을 장점화(쟁점화) 시키는 노력을 왜 하는 걸까? 땅은 맹점이 너무 많은 장르 아니랴. 부정적인 시각을 가진 자는 맹점을 장점화 시키려는 노력과 열정이 부족하다. 땅이 맹점이 많은 장르인 건, 미완성 하드웨어 상태이기 때문이다. 즉 땅은 자연상태다. 일단 보호대상인 것. 우리나라는 비맹지(완성도 높은 땅)보다 맹지 수가 훨씬 많은 상황이기 때문이다. 주변변화와 다양한 변수에 의존할 수밖에 없다. 긍정적 사고방식을 가진 자가 투자할 확률이 높은 이유는, 단점을 장점화, 즉 잠재성을 파악할 수 있는 능력과 자세를 겸비하고 있기 때문이다. 땅의 특성을 잘 알고 있는 상태라서 가능한 일. 긍정적인 자는 잘 알고 있다. 맹지가 많고 규제의 산물이 땅이라는 사실을. 땅 고유의 특징 중 하나인 연계성의 힘을 믿는다. 주변의 시설물 상태에 따라 땅은 움직일 수 있기 때문이다. 주변의 작은 변화에도 땅 가치와 무관하게 가격이 움직인다는 것. 가격에 힘이 들어간다. 전직 대통령 땅들이 내 땅 주변에 있다면 그 사실 자체가 부동산가격상승의 동력이, 이슈화가 될 수 있다.

땅값과 집값의 규제

규제가 많은 우리나라 부동산. 이는 부동산공법이 존재하는 이유가 될 것이다. 틈(기대)과 흠(규제)이 공존+공유하는 입장이다. 그러나 집값 규제와 땅값 규제는 그 의미가 다르다. 규제가 집 구입 시 매수의 걸림돌이 될 수 없으나 땅은 투자 시 규제가 늘 걸림돌이다. 즉 집값은 규제와 관련 없지만 땅값은 규제와 무관하지 않다. 그러나 규제가 해제되는 기대감에 땅 규제 역시 그 수위 조절이 필요한 법. 개발 이슈에 따라, 맹지가 변하고 농업진흥구역이나 그린벨트가 변하여 땅값이 뛰는 경우의 수도 의외로 많다. 단, 규제는 '개발'이라는 대의명분이 없다면 규제기간이 영원할 수도 있다(예-개발과 무관한 경지정리된 농지). 개발계획에 의해 장기간 해제대상에 포함된 땅도 많다. 부푼 기대감 속에 땅을 보유하는 지주도 많다. 규제와 관련된 땅이라지만 개발계획이나 해제라는 기대감에 땅값은 오름세다. 기대감 하나에 땅값이 뛴다. 집은 다르다. 단순히 기대감 하나로 집값이 상승하는 건 아니다. 가시적인 모습이 보이지 않으면 집값은 오르기 힘들다. 땅값은 가식적인 모습, 외식적인 모형에도 미동한다. '계획', '기획'을 통해서도 오른다. 청사진과 조감도를 보고 기대감 갖는 투자자도 있다. 투자자가 몰리면 땅값은 당연히 오를 터. 결국, 부동산의 규제는 위치(접근도)와 환경이 좌우한다고 볼 수 있다. 규제 수준이 어느 정도인지, 혹은 개발계획에 영향을 얼마나 미칠 것인지 잘 인지한다면 좋은 경우의 수(변수)가 생길 법하다.

규제의 반석

원천적으로, 규제가 개발공간의 부재를 의미하기도 하겠으나, 희망을 전혀 찾을 수 없는 규제가 있는가 하면 그렇지 않은 경우도 있는 게 사실. 현실이다. 굳이 규제를 대별한다면, 위치가 탁월한 조건의 규제사안과 그 반대 경우가 있다. 맹지에 관한 규제사안 역시 위치에 따라 상황이 변한다. 희망을 모색하는 법. 그린벨트 역시 어느 정도 위치가 안정권역에 들어 있다면 전혀 희망이 없는 건 아니다. 군사시설보호구역이나 상수원보호구역 역시 매한가지 입장. 그만큼 부동산은 위치와 상황에 따라 변수가 여러 각도로 변형될 수 있다는 것이다.

위치가 갖는 의미를 단순하게만 생각할 건 아니다. 위치는 접근성을 저울질 할 수 있는 강한 모토이기 때문이다. 한 걸음 더 나아가, 현장감 감지의 수단으로 이용할 수 있다. 즉 인구증가세와 지상 및 구조물 등의 공실 여부를 판가름 하는 수단으로 선용이 가능한 것이다. 입지현황 파악 하는 주요자료(재료)다. 규제는 위치에서 희망을 찾는데, 하수들은 그게 힘들다. 선입견이 심해서다. 투자가 힘든 이유다. 위치가 안 좋으면 남는 건 절망 뿐이다. 이 사실만 제대로 인지한다면 투자가 수월할 수 있을 것이다. 위치에 따라 규제 해제의 기회가 찾아오기도 하는 것. 대규모 맹지 인근의 비맹지, 혹은 대규모 농림지역 인근의 도시지역 등은 희망보단 절망에 근접한 지경. 상황 판단을 제대로 하지 않으면 낭패 본다.

우리나라 부동산의 특징 중 하나는 규제의 온상이라는 것. 우리나라 국토의 특징 역시 규제의 다양성이다. 군사독재정권의 잔재는 대규모 그린벨트 설정. 광범위하게 포진되어있는 군사시설보호구역은 분단휴전국가의 슬픈 현실. 강력한 규제(낭떠러지에 놓인, 위치가 안 좋은 경우)로, 미동조차 버거운 상황은 마취상태의 부동산을 말한다. 만취상태의 부동산은, 역동, 폭동이 발현할 만한 상황의 부동산. 이 경우 현장감이 빼어나다. 그러나 난개발에 특별히 주의를 기울이지 않으면 안 되는 상황이기도하다. 위치와 상황에 따라 규제가 기회가 되기도 하고, 위기가 되고 있다. 규제를 무조건 부동산의 걸림돌로 여기는 자는 하수다. 규제 강도를 정밀하게 체크하려는 노력은 고수가 한다. 부동산고수는 부동산의 특징을 잘 알고 있는 사람이기 때문이다. 간혹, 하수의 오판 사례를 목격할 수 있다. 강력한 규제를 인지하지 못한 경우로, 화려한 개발이슈거리에 집착하는 바람에 일어난 패착이다. 화려한 개발청사진의 견지에 앞서 규제 분석이 선행되어야 할 것이다. 고수는 부동산 특징을 보고 움직이는 사람이지만 하수는 화려한 개발이슈 하나에 온몸을 바친다.

100% 완벽한 부동산이 존재할 수 없는 이유

부동산 진리 중 하나가 완벽한 부동산은 존재할 수 없다는 것이다. 실수요자 입장에선 100% 만족도를 취할 수 없는 상황 아니냐. 예비투자자 입장도 다르지 않다. 100% 성공확률은 존재할 수 없다. 완벽한 부동산을 찾는 자는 대다수 하수일 것이다. 완벽한 부동산을 찾는 자는 결코 부동산 투자자 반열에 오를 수 없을 것이다. 완벽한 부동산이 존재한다면 잠재력은 0이요 변수사안 역시 0인 법. 기대수치+기대수익률 역시 0. 부동산 존재가치 역시 0이다. 100% 완벽한 부동산이 존재하지 않은 것처럼 존재성 0%의 부동산도 없다. 모든 부동산엔 존재감을 판단, 감시할 수 있는 모토가 존재한다. 건폐율과 용적률이 그 좋은 실례. 모든 부동산은 장점과 매력이 존재하여 잠재력 0인 부동산은 있을 수 없다. 100% 완벽한 부동산이 없다는 건 맹점 없는 부동산이 없다는 말. 비맹지, 상업지 인근에도 맹지가 공생공존한다. 맹지 영향으로 상업지 이미지가 실추되기도 한다. 물론, 인위적 사안. 맹지를 통해 상업지 이미지를 (억지로) 깎아내리려 드는 것이다. 맹지상태라도 인근 주거시설 영향으로 맹점이 장점화로, 쟁점화(이슈화)로 비화되기도 한다. 부동산의 연계 및 인접성으로 인해 100% 완벽한 부동산은 존재할 수 없는 것이다. 100% 완벽한 부동산을 찾는 행위는 끝없는 소모전이다. 예비부동산주인의 행동과 거리가 멀다.

땅투자 하는 분명한 이유가 무엇인가

단순히 개발이슈거리에 혹해 (현장이 휑한) 맹지 땅을 매수하는 행위는 위험천만하다. 땅투자 하는 이유가 개발청사진에 국한되어 있다면 리스크가 클 수밖에 없다. 현장이 어느 수위 뒷받침 되어야 한다. 땅 고유의 성질과 특징 때문에 투자하는 게 일반적. 개발계획 없는 땅을 두고 무조건 매력 없는 땅으로 매도할 수 없는 노릇. 땅의 특징과 매력은 여러가지다. 개발계획과 같은 미래청사진, 그리고 도로상황, 지상물 구조와 인구구조 등과 같은 현재 모습이 바로 그것이다. 결국, 땅 투자자는 세 가지 유형 중 하나를 선택할 수밖에 없다.

1. 개발계획은 있으나, 현장이 휑한 상태의 땅.

2. 개발계획은 없지만 현장감이 빼어난 땅.

3. 개발계획도 있고 (혹은 개발진행 중) 현장감도 빼어난 땅.

2, 3번 중 한 곳을 선택하여 움직이는 게 안전모드. 1번은 불안하다. 만약 개발에 문제점이 발생하면 거품에 희생되기 십상이다.

답사 전, 현장감 확인하는 방법

현장답사 전에 현장모습을 비교적 정확하게 확인할 수 있는 방법은 인터넷을 통해서 알아볼 수 있는데 토지이용규제정보서비스 확인도면을 견지하면 된다. 용도지역과 함께 견지, 견제가 가능하다. 용도지역과 지목이 접근성과 반드시 정비례하는 건 아니다. 왜냐, 상수원보호구역과 같은 강도 높은 규제지역에도 집이나 각종 건축물이 들어 설 수 있기 때문이다. 건폐율과 용적률 규모에 장애가 있을 뿐이다. 고로, 지상물이 다양하다고 해서 반드시 접근성이 높다 할 수 없는 것이다. 공실률이 높은 지상물 구조라면 현장감만 뛰어날 뿐이다. 접근성에 문제점이 노출된다면 공실률이 커지기 마련이다. 높은 현장감은, 살아 있는 현장감이란 인구가 동반된 상태를 의미하는 것이다. 따라서 토지이용계획확인서를 통해 현장감을 정독하기보단 지적도 통해 지목의 다양성을 감지하지 않으면 안 된다. 임야로만 구성된 상태라면 악산과 맹지천국일 가능성이 높고 농지(전답, 과수원, 목장용지)로만 구분되어 있다면 현장감이 떨어진, 인구가 다양하지 않은 곳일 터. 영농인구만 존재할 따름이다. 노인인구만 있을 뿐이다. 용도지역의 다양성은 인터넷 통해 확인이 가능하다(지적도면). 토지이용계획확인서 하단에 마련되어 있는 공간 즉, 지적도면 통해 옆 혹은 인근의 지목과 용도지역을 확인 할 수 있다. 내 땅의 현황도 뿐 아니라 내 땅 인근의 여러 지주들의 현황을 알아볼 수 있는 것이다. 현장감이 접근성과 반드시 정비례하는 게 아니므로 현장답사는 필수덕목. 용도지역 하나로 땅 가치를 가늠하는 경우가 있는데 이는 잘못된 판단. 편견이다. 개발청사진과 더불어, 용도지역은 거품가격을 만들 수 있기 때문이다. 용도지역 인근의 상태(분포도)를 보지 않고 단순히 내 땅의 용도지역에 국한된다면 잠재가치를 가늠할 수 없다.

오판, 착각의 사례

1. 도로 접한 농림지역(접근도 높은 지경)을 평당(3.3제곱미터당) 10만원대 구입하는 경우.

2. 맹지상태의 도시지역 자연녹지지역 땅을 평당(3.3제곱미터당) 100만원 상당에 매입하는 경우. 접근성이 떨어지는 맹지상태의 땅을 팔 수 있는 이유는, 개발계획이 존속해서 일 거다.

1의 경우, 인터넷 통해 토지이용계획확인서의 지적사안을 확인하게 되면, 농림지역 주변이 다양한 각도의 용도지역으로 분포되어 있어 지목이 다양한 상태일 터. 잠재력이 높다. 반면 2는 지목이 일률적일 가능성이 높다.

그린벨트 땅을 사다

군사독재 잔재가 전국적으로 넓게 퍼져 있는 규제사안이 그린벨트라면, 남북분단의 휴전국가의 사슬은 군사시설보호구역이라는 규제일 것이다. 규제 범위와 더불어, 그 강도 또한 심히 우려할 수준. 그러나 개발제한구역(그린벨트)을 지정한 목적에 위배 되지 않는 범위 내에서는 국민생활의 안락과 편익을 최소한의 시설로 허가권자의 승인이나 허가를 받는 경우는 개발행위가 가능하다. 근린생활신축행위가 가능하다(건폐율 20% 용적률 100%, 도시지역 자연녹지지역과 동일). 3층 이하 단독주택, 약국, 독서실 등 근린생활시설 26개 유형이 들어설 수 있는 것이다. 집단취락지구 내에선 공공용시설, 임시건축물이나 임시공작물, 도시민의 여가 활용시설, 주택 및 근린생활시설, 노인복지시설만 들어설 수 있다. 만약, 이를 어기면 처벌대상이 된다. 집단취락지구는, 개발제한구역 또는 도시자연공원구역 안의 취락을 정비하기 위해 지정하는 지구다(취락지구는 녹지지역, 관리지역, 농림지역, 자연환경보전지역, 개발제한구역, 도시자연공원구역 안의 취락을 정비하기 위해 지정되는 용도지구 중 하나다).

단독주택 구입 시 그린벨트에 예속된 집이라고 해서 구입을 포기하는 경우는 없을 것이다. 가치하락의 원인이 그린벨트가 될 수 없기 때문이다. 그린벨트는 삶의 질적가치를 높인다. 전원생활도 가능하다. 가격하락의 원흉이 그린벨트가 될 수 없다. 실활용이라는 측면에서, 그린벨트는 규제나 하자일 수는 없다. 땅은 규제 대상이다. 그러나 그린벨트 땅을 사는 자도 있다. 단, 개발범위에 포함된 땅에 한해서다. 화성 송산일대는 그린벨트로 포장된 곳이다. 그린벨트의 온상이 된 지 이미 오래다. 대규모 개발프로젝트(송산그린시티)에 의해 그린벨트 땅을 구입하는 사례가 있다. 다만, 거품에 주의할 필요 있다. 가성비에 신경 쓸 때다. 그린벨트 해제 시 가격폭등현상이 일어날 수 있지만, 해제가 되자마자 대혁명이 일어나는 일은 없다. 지나친 거품이 위험 신호인 이유다. 화성 송산역예정지는 착공 이전엔 10만원 이하에도 거래가 힘들었지만 착공 이후 사정은 사뭇 달라졌다. 그린벨트 인근의 부동산의 강점은, 난개발 방지를 적극적으로 할 수 있어 거품가격과 거리가 먼 상태를 계속 유지할 수 있다는 것이다. 낮은 거품수위와 환경오염도가 큰 장점이다. 이런 면에서 그린벨트와 관련된 지역에서는 친환경적 전원생활을 할 수 있다고 본다. 무조건 그린벨트를 터부시 할 필요 없는 까닭이리라. 즉 개발모토와 위치가 그린벨트 미래를 결정하는 것이다.

규제수위를 가늠하는 방법

부동산의 규제는 예민한 사안일 수밖에 없다. 부동산가치와 직접적으로 관련 있기 때문이다. 그러나 부동산의 규제가 무조건 큰 하자는 아니다. 그 정도와 수위에 따라 변수가 작용하기 때문이다. 규제 지역의 위치가 매우 중요하다. 예컨대, 맹지상황을 본다면, 맹지는 희망적인 맹지(접근성 높은 곳에 위치한 경우)와 절망적인 맹지(접근성 낮은 곳에 위치한 경우)로 구분한다. 그린벨트 역시 위치에 따라 규제 수위가 정해진다. 위치가 좋은, 접근도 높은 그린벨트도 많다. 세월이 흐르면서 주변에 많은 변화가 일어나면서 접근도가 높아진 것. 괜찮은 위치에 있는 그린벨트는 잠재성이 높다. 물론, 위치가 안 좋은 그린벨트를 풀어 개발하는 경우도 있을 수 있지만 말이다. 결국, 규제 지역의 위치가 모든 사안을 결정한다 해도 과언이 아닐 터. 대지의 위치가 중요하듯 전, 답, 임야의 위치 또한 중요하다. 대지면 뭐하고, 택지면 뭐하랴. 위치가 형편 없는 지경이라면 잠재력이 상실된 위기의 부동산인 데 말이다. 개발지 위치가 중요하듯 군사시설보호구역 위치도 주요사안. 무조건 내 땅 인근에 군사시설이 있다고 해서 큰 하자라는 사고는 위험한 사고. 거리가 주요사안이라서다. 군사시설 위치에 집중하지 않으면 큰 기회를 잃을 수도 있다. 문화재보호구역 역시 그 위치가 중요하다. 존재가치가 중요하다. 내 땅 인근에 문화재보호구역이 있다고 해서 무조건 큰 하자로 여기면 안 되겠다. 규제 수위와 거리가 문제이기 때문이다. 물론, 거리와 규제수위가 정비례한다. 위치가 변수다.

큰 변수다. 물(예-수변구역)과 산(보전산지)도 규제의 사슬. 물의 위치와 산의 위치 역시 주요변수다. 물의 깊이와 산의 울창도, 경사도 못지않게 위치도 중요한 것이다. 내가 사는 지역에 화장터가 들어온다 해도 위치, 거리에 따라 규제 정도가 결정되는 법이다. 무조건 반대하지 말아야 하는 이유다. 장애인시설이 들어온다고 목숨걸고 몸싸움 하는 자도 있다. 장애인시설물을 혐오시설물이라고 말하는 자 역시 장애자다. 성격장애자다. 규제에 대해 무조건 반기를 들 수 있는 건 아니다. 정황을 세밀히 알아보는 습관이 필요하다. 개별적으로 강한 선입견은 큰 기회를 잃을 수도 있기 때문이다.

판단력 부족하면 투자 못한다

투자는 선택의 연속이다. 선택의 기로에 서기 마련이다. 바른 판단력이 필요하다. 두 갈래 중 하나를 선택해야 하는데 그 예는 다양하다.

1. 허허벌판에 미래에 대한 기대감에 의해 움직이는 경우와 그 반대. 두 경우 중 하나를 선택한다.

2. 장단기 투자와 묻어두기 식 투자 중 하나를 간택한다.

3. 거액을 묻어 놓아 돈 놓고 돈 먹는 식. 혹은 소액투자로 안정적으로 갈 것인가를 선택한다.

4. 규제지역에 과감히 들어가 규제해제에 관한 기대감으로 움직일 것인가. 이는 무리수 두는 것이지만 경제이론에 부합하는 경우일 거다. 최소액으로 큰 기대감을 맛 보려는 노력일 테니까. 아니면 규제 없는 곳에 갈 것인가를 결정한다.

5. 실수요자가 몰린 곳에 들어갈 것인가. 즉 고정인구와 주거인구가 확보된 상태를 보고 들어가는 것. 반대로, 투자자와 가수요자만 득실대는 곳을 투자처로 선정할 것인가 신중히 검토한다. 이는 미래청사진에 의존하여 움직이는 경우가 될 것이다.

6. 서울의 컨설팅회사와 손 잡을 것인가, 아니면 현지 지역부동산 통해 계약할 것인지 잘 결정한다. 그러나 지금은 지방 부동산업소도 컨설팅회사와 비슷한 지경이다.

7. 도로가 땅의 운명을 좌우함으로 길 따라 움직일 것인가. 이를 테면, 고속도로건설과 같은 공약은 위정자들이 가장 많이 이용하는 단골메뉴다. 철도건설 역시 마찬가지 수준. 지금은 초스피드시대, 전국이 일일생활권이다. 그러므로 여기에 적정한 수준의 공약이 통용되는 게 현실이다. 역세권과 비역세권 중 하나를 선택한다. 비역세권과 역세권으로 구분할 정도로 역세권 개발동력은 크다. 비역세권도

나름대로의 특징이 있기 때문이다. 부동산을 공부하는 목적은, 판단력을 높이기 위함이요 분석력 또한 높이기 위함이다. 투자자는 선택의 힘을 필요로 하는 사람 아닌가. 잘못된 선택을 하지 않기 위해 부단히 공부하고 분석하는 것이리라.

다양한 각도의 투자자 모형이 존재한다. 선택능력에 따라 분출하는 법. 관심도 높은 곳에 투자하는 사람이 있는가 하면 그 반대 방향으로 가는 사람이 있다. 사람 몰리는 광경을 목격하고 그곳에 투자하는 사람이 있는가 하면 그 반대가 있는 게 사실. 투자자는 힘을 필요로 한다. 힘 없으면 절대 투자할 수 없으므로. 경제력 없이는 움직일 수가 없기 때문이다. 그러나 경제적으로 여유자금이 있다고 해서 반드시 투자자가 되는 것은 아니다. 경제력 이외의 또 다른 힘이 없다면 투자자가 될 수 없다. 땅의 힘을 믿을 때 투자 이행을 과감하게 할 수 있는 것이다. 땅의 대표적 힘은 잠재력일 것이다. 잠재력을 의심한다면 경제력, 여유자금이 있다고 해도 쉽게 맘이 움직일 수 없다. 그만큼 신뢰도와 자신감이 중요하다. 신뢰도가 떨어진다면 자신감도 떨어진다. 가격신뢰도와 개발에 관한 신뢰도가 중요하다. 갈수록 개발에 관한 신뢰도보단 가격신뢰도가 떨어지는 형국. 컨설턴트 브리핑을 듣고 난 고객 반응은 단순하다. 고객 중 '다 좋은 조건인데 가격이 좀 비싼 편'이라고 강조하는 경우가 있는데 이는 '가격이 싸나, 개발이슈가 없어 불만이다, 불안하다' 는 의미와 상반된 말이다.

컨설팅이 불필요한 투자예정자

컨설팅이 불필요한 투자예정자가 있다. 자신이 정한 투자 기준을 가진 자이다. 고집이 세다. 자신이 주창, 주장하는 부동산 투자의 기준을 가진 자이다. 이런 사람은 자신에게 맞는 부동산을 찾으면 그만. 컨설팅을 군이 받을 필요 없다. 그러나 잘못 알고 있는 부동산 투자법이 차후 문제를 유발하여 개인적으로 후회막급일 터. 자신의 성격과 조건이 원하는 부동산 투자의 기준에 합당한 물건을 만나면 그만이다. 단, 결자해지 정신을 요한다. 필자에게 조언 받고자 전화하는 사람 중 도통 이해가 안 되는 경우가 있다. 자신이 정한 투자 방식이 있으면서 왜 군이 전화를 하는 지 모르겠다. 소모전이다. 필자와 부동산철학(철칙)이 전혀 안 맞는 투자자인 것. 마치 자신이 국토부장관인양 철도라인을 마구 그려놓는 경우도 없는 건 아니다. 불안한 지경.

안정적인 잠재력의 추구 – 땅 투자자는 땅의 매력과 특징에 따라 투자를 결정하는 게 상례. 땅의 매력과 특징이 곧 개발이슈인 게 현실이다. 그러나 땅의 매력이 반드시 개발이슈일 수는 없다. 개발이슈 없는 땅이 무조건 매력 없다고 단정, 치부할 수는 없다. 땅의 매력은 여러가지이기 때문이다. 땅의 무한한 잠재력을 개발청사진에서만 모색하는 건 무리다. 착각이다. 예를 들어, 접근성이 높고 현장 모습이 자주 변하는 것 역시 (큰 매력) 잠재력의 표상일 수 있기 때문이다. 개발청사진 수준만 높고 현장감과 접근성이 현저히 낮다면 불안한 잠재력. 생명력이 낮다. 접근성과 현장감이 높은 상태에서의 잠재력은 비교적 안정적이다. 어떤 투자자는 접근성과 현장감보다 용도와 지목에 집착하는 경우가 있다. 과거 투자방식과 달라야 한다. 지금은 개발계획이 지지부진하는 경우가 너무 많아서 난개발 의심을 자주 받는 시대 아니냐. 따라서 땅은, 접근성과 현장감을 우선시 하고 개발계획과 용도, 지목은 둘째로 여겨야할 터. 개발이슈와 용도가 우선이 된다면 거품가격에 큰 희생양 될 수 있다. 안정적인 모형을 따라야 한다. 대세를 따르지 않으면 안된다. 도시지역 맹지, 계획관리지역 맹지보단 오히려 지적도상 도로가 있는 생산녹지지역이나 생산관리지역이 훨씬 잠재력이 높은 것. 투자가치가 높다. 안정적인 잠재력을 보인다. 용도나 개발계획 하나로는 불안하다. 잠재력이 불안하다. 개발은 곧 거품을 만들고, 개발진행과정이 지지부진, 유야무야 되면 거품에 마음의 병 얻기 십상. 현장감과 접근도가 높고 개발수위도 높은 곳을 선점하라(예-화성, 평택 등 역사부지).

키 큰 부동산 〈 키 작은 부동산

대학취업률이 낮고 N포 세대가 급증하자 일찍이 빚 얻어 장사의 길로 들어서는 젊은이도 급증하고 있다. 자영업자가 그만큼 젊어지고 있다는 것이다. 이는 소비층 역시 젊어지고 있다는 의미도 될 수 있다. 조기은퇴자 급증현상 역시 자영업자가 젊어지는 연유다. 그러나 자영업자 10명 중 7~8명이 중도에 하차하거나 적자신세를 면치 못하는 실정이다. 평균수명이 높아지고 평균키가 높아지고 체격도 커졌지만 키 큰 부동산이 지역애물로 잔존할 확률이 점점 높아지는 지경이다. 1인 가구수가 급증세라서다. 키 작은 부동산이 대세다. 부동산 키워드가 작은 부동산이라 할 정도로 소형부동산 인기가 높다. 찾는 사람이 많다. 큰 부동산이 인기 높았던 과거와 사뭇 달라진 풍경이다. 이는, 돈 놓고 돈 버는 도박식 투자 모태가 변형됐다는 방증이다. 역세권의 소형부동산이, 키 작은 부동산이, 아담한 체구를 가진 부동산이 인근 시세보다 저렴한 상태라면 사람들이 대거 몰릴 수있을 것이다. 이런 상황에선 거품가격이 심히 우려된다. 부동산이 무조건 작다고 해서 무시하는 우를 범하지 말지어다. 덩치 큰 부동산이 지역랜드마크가 되지 않는다면, 즉 공실현상이 일어난다면 지역랜드마크가 아닌 지역애물단지로 전격 전락하고 말 것이다.

키 큰 사람이 싱거울 수 있듯(속담) 키 큰 부동산이 마냥 좋기만 한 건 아닐 거다. 키만 크면 뭐하랴. 체중 미달에 정원미달이라면 공실 위기에 직면할 것이다. 즉 인구유입이 안 되어 공실상황이라면 지역공황에 빠지기 십상이다. 키만 큰 채 속이 텅 비어 있는 상태는, 사람 구경조차 힘든 지경이다.

부동산에 대한 장소의 의미

1. 큰 공간(자연을 의미) – 횡적인 면과 종적인 면이 공존할 수 없는 상황. 무한한 가치를 동반한다. 그 이유는 자연을 통해 개발행위가 이루어지는 것이니까. 자연파괴라는 과정 없이는 개발행위가 도저히 이루어질 수 없는 구조. 녹지공간이 드넓기 때문이다.

2. 작은 공간(건폐율과 용적률 보지) – 횡적인 면과 종적인 면이 공존할 수 있는 상태를 의미, 유한한 가치를 지닌다. 재건축이 필요한 이유다.

한 지역이 조화로운 개발모드, 모형을 원한다면 1과 2의 구도가 확실한 기준이 있어야 한다.

횡적인 면 – 용적률(수직적 의미 내포). 투자자가 바라는 모토다.

종적인 면 – 건폐율(수평적 의미 내포). 실수요자 입장에서 바라는

모토(투자자는 용도와 변수에 예민하지만 실수요자는 둔감하다. 환금성에 신경 쓰는 투자

자와 달리 실수요자는 환금성에 대한 걱정이 없기 때문이다)다.

부동산=장소+입지(실수요공간의 의미)

부동산=시간+위치(=시간의 위치, 장소의 위치:투자자가 견제할 사항)

투자자 입장에선 두 가지 위치(시간 및 장소)를 견제, 견지해야 한다.

가격과 가치의 관계(한계)

가격이 싸다고 가치가 낮은 건 아니다. 오인하면 안 된다. 싼 게 비지떡이라고 무조건 매도하면 안 된다. 미분양아파트 가치가 무조건 낮은 건 아니다. 가치 대비 거품가격이라는 인상이 강하다면 미분양으로 잔존할 수 있다. 해당 부동산에 대한 현재의 분위기와 순간적인 분위기가 가격평가기준으로 변형되는 경우가 부지기수라서다. 이 경우 거품의 원인이 될 수 있다. 가격거품은 단기간 내 들어간다. 순간적이라 가격수명이 그다지 길지 않다. 그러나 가치가 높다면 가격은 올라가기 마련이다. 가치는 인간에 의해 거짓말을 할 수 없으나 가격은 인간에 의해 거짓말이 가능하기 때문이다. 거품가격은 인간이 일방적으로 만드는 것이다. 결국, 가치를 통해 가격을 평정하려는 움직임이 절대적으로 필요한 것이다. 이는 지나친 거품가격을 막는 대안도 될 수 있기 때문이다. 무조건적으로 가격이 높다면 그건 부동산 가치에 치명타가 될 수 있는 것이다.

땅만이 가진 개성

땅 투자하는 이유는, 땅 고유의 성질 때문이다. 고수 생각이다. 땅투자 이유가 단순히 대박 터트리기 위한, 요행을 바라는 뜻이 담겨 있다면 추후, 큰 홍역을 치를 것이다. 대박과 대운 바라고 묻어 놓는 방식은 위험하다. 그것은 순전히 하수의 사고이기 때문이다. 땅만이 가지고 있는 개성은 크게 세 가지로 점철된다. 오래된 아파트는 있지만 오래된 땅은 없다. 공급과잉의 아파트는 있지만 공급과잉의 땅은 없다. 아파트가 미분양의 대상이 될 수 있지만 땅은 미분양 대상이 도저히 될 수 없다. 그렇지만 문제는, 공급과잉의 원흉인 난개발 온상이 땅이라는 점이다. 언제나 그렇듯 불요불급한 땅 개발이 문제라는 것이다. 그렇기 때문에 땅 투자자는 반드시 개발의 필요성과 타당성, 당위성을 견지할 능력을 보유해야 하는 법. 오래된 땅이 없다는 점이 땅의 가장 큰 매력이요 강점일 것이다. 오래된 땅은 지장물의 대지지분. 하나 대지지분을 땅으로 인지하는 경우는 없다. 마치 땅의 권력으로 보는 양 말이다.

땅을 움직이는 원동력

땅은 역시 잠재력의 표상. 변함 없다. 지속력이 대단하므로. 기회비용 대비 기회가 다양한 각도로 다가온다. 변수가 가장 많은 장르 아니랴. 그렇다면 땅을 움직이는 원동력은 무엇일까. 자연의 가치(이치)와 사람의 가치(이치)를 견지해야 할 것이다. 기회를 엿보지 않으면 안 된다. 자연의 가치는, 관광상품으로 응용할 수 있는 대상. 대상물이다. 실수요가치를 극대화할 터. 삶의 질을 높이는 힘이다. 웰빙과 힐링을 적극 바랄 수 있는 모토 아니랴. 사람의 가치는, 투자가치의 작용인 법. 자연의 가치와 대비된다. 투자의 가치로 응용이 가능하다. 자연의 의미는 땅(흙), 산, 강, 하천 등 개발 대상이자 규제의 대상이다. 사람의 의미는, 자연을 응용할 수 있는 능력 아니랴.

실수요자에게 필요한 한 가지와 투자자에게 필요한 두 가지 덕목

　실수요 목적으로 땅을 매수하는 자에게 필요한 건 도로 상태다. 건폐율과 용적률의 적극적인 적용이 반드시 긴요한 지경이기 때문이다. 투자 목적으로 땅을 매수하는 자에게 필요한 건 도로 상태 대신 개발이슈의 상황일 것이다. 건폐율과 용적률은 무의미하다. 투자자에겐 용도지역과 지목 대신 개발청사진이 긴요하다. 만약, 개발청사진이 없다면 주변 정세(예-지상물 증가와 인구증가현상)의 변화가 필요, 중요하다. 개발이슈가 없다면 역시 현장감이 자주 변해야 한다. 만약 현장감이 변하지 않는다면 내 땅의 존재가치에 의심을 가질 수밖에 없다. 뭇사람에 의해 말이다.

실수요자에게 필요한 것 – 도로

투자자에게 필요한 것 – 개발청사진(최선의 방도)과 주변 변화도(차선책)

부동산의 존재 = 사이(間)의 존재

(1) 실수요자에겐 건폐율과 용적률의 존재감이 중차대한 사안

(2) 투자자에겐 개발청사진의 존재감(당위성)이 중요하다

부동산은 사이(間)이자 사람이다. 오직 부동산을 동산화 할 수 있는 능력을 가진 힘은 사람이기 때문이다. 다만, '사람이 부동산이다' 라는 말은 통용이 되지 않는다. 의식주가 존속하기 때문이다. 그 중요도를 굳이 비율로 따진다면 의:식:주=3:3:3으로 정립될 터. 곧 인간에겐 입는 것도 중요하고 먹는 것도 중요하고 주거지도 중요하다는 말이다.

주거지역과 인구의 중요성

아파트 매입할 때 눈여겨 볼 사안은, 사는 데 지장이 없어야 한다. 역시 삶의 질이 중요하기 때문이다. 무병장수의 원천이 바로 높은

삶의 질 아닌가. 각종 편익공간이 나와 잘 맞는지 알아보는데 인구상황은 그다지 중요하지 않다. 여유공간이 곧 힐링공간 아니랴. 미분양도 나와 거반 무관. 실수요 명목으로 구입했기 때문에 가능한 시나리오다. 상가 매입 시 눈여볼 사안은 인구동태파악. 인구 없는 상가는 높은 공실률의 다른 표현 아니랴. 상가(喪家)상태다.

땅투자 시 눈여겨 볼 사안은 역시 무한한 잠재 및 미래가치이다. 개발이슈에 관한 타당성을 검증해야 하는데 그 과정에서 인구상태가 중요하다. 실수요로 매수할 때는 역시 도로 체크는 필수코스다. 인구상태보단 접근성이 우선이다. 주거지역에선 인구분포도보단 편익이 우선. 상업지역 내에선 인구분포도가 중요하다. 유동 및 이동인구의 연계성을 높여야 하기 때문이다. 고정인구, 즉 산업경제활동인구가 곧 지역 위상의 모토가 될 것이다.

땅은 주거예정지, 상업예정지에 관한 기대감이 큰 종목이다. 잠재성을 기대하는 법. 개발 시, 준주거 형태가 모토가 되지 않으면 안 된다. 고정 및 주거, 유동인구 등 다양한 인구구도를 그려야 하니까. 주거 및 상업공간이 동시에 입성해야 한 지역이 발전할 수 있을 것이다. 제대로 된 발전모드일 것이다. 전용주거지역은 발전모드가 아닌, 전원생활 모드(예–전원주택). 역시 인구활동량과 전원생활은 큰 관련 없다. 한 지역의 발전가능성, 즉 개발에 관한 작품성(=잠재성)은 인구부족현상과 편익부족현상에 의해 좌우될 것이다. 주거지역은 삶의 질이 모토. 삶의 질의 가늠자는 인구부족현상과 편익공간부족현상 중 인구부족현상과는 무관하다.

인구와 개발의 특징 – 그 분포도가 한 군데에 편중+집중된 상태. 아무리 인구밀도가 높다고 해도 인구집중도는 무시할 수 없는 것. 개발은 전체 부분 중 극히 일부분에 지나지 않으니까. 1983년부터 시행하고 있는 수도권정비계획법이라는 규제사안이 존재하나, 수도권 인구밀도는 높다. 개발강도가 높아서다. 지방 오지 인구밀도는 상대적으로 낮다. 수도권의 경우, 규제 속 개발진행속도가 빠르고 개발효과가 높다. 개발의 필요성이 높다. 전체 인구밀도가 높다는 말은, 부분적으로 인구밀도가 높다는 의미다. 상업 및 업무지역의 넓이가 녹지공간보다 넓을 수 없기 때문이다. 인구밀도가 높다는 의미는, 부분적인 면이 전체적인 면을 압도하는 상황이라는 것. 도시형성 시, 발현하는 상황은, 주거공간, 상업 및 공업공간의 넓이가 녹지공간 넓이보다 좁다는 것이다. 자연훼손을 최소화 하고 개발하는 것. 규제가 존속하는 이유다. 개발 시 항시 규제가 공존, 존속한다. 인구밀도가 전체적으로 고루 높을 수 없는 까닭이다.

아파트엔 없는 땅의 힘

1. **잠재력** – 아파트보다 땅의 잠재력이 강한 이유는, 땅은 용도, 지목 등이 변하는 과정을 밟을 수 있기 때문일 것이다. 아파트는 이미 변화과정을 무사히, 복잡다단하게 밟았지만 땅은 그 과정을 밟거나 밟을 예정이므로 잠재력 크기가 아파트 대비 크다.

2. **매력** – 개발이슈와 개발청사진에 늘 민감한 반응을 일으킨다. 매력(남의 마음을 호리어 사로잡는 야릇한 힘) 역시 잠재력 표상. 매력이 '마력'으로 자주 변할 수 있는 것 역시 땅 고유의 잠재력. 마력 역시 남의 마음을 (투자자) 사로잡거나 현혹시킬 만한 큰 힘이다. 조건이 있다. 땅의 잠재력과 매력의 맛을 제대로 만끽하려면 또 다른 힘이 우선적으로 필요한 법. 그건 인내력일 것이다. 인내력이 없다면 잠재력은 없기 때문이다. 땅은, 기다리다 보면 좋은 일이 생길 수 있다. 그럴 확률이 높다. 선거철, 예비정치인은 집값 잡겠다고 큰 소리 칠 수 있다. 그러나 땅값 잡겠다고 큰 소리 치는 법은 없다. 왜일까. 내 집 마련이라는 개념은 있으나, 아직까지는 '내 땅 마련'이라는 정의는 없(어서)다. 땅은 기다림의 연속이다. 끈기 있게 기다리는 자가 최후 승리자가 된다. 팔고 나니 오르더라, 하며 후회막급인 전(前) 지주가 있다. 팔고 나니 좋은 수가 생겨나서다. 개발이슈거리가 생긴 거다. 선거철이 기대되는 이유 아닐까.

집값은 잡아야 한다. 무주택자가 너무 많아서다. 소수의 다주택자에겐 안 된 소리지만 말이다. 땅값은 잡을 필요 없다. 바닥시세의 땅이 오름세의 땅보단 훨씬 많기 때문이다. 맹지가 비맹지보다 훨씬 많은 것처럼 말이다. 농지와 임야가 전 국토의 85%를 육박한다. 도심 속 흙 보기 힘들 정도로 도로포장률이 높다고 해도, 난개발 등 부동산 공급과잉이 우려수준인데도 말이다. 아직 땅은 보편타당한, 당위성이 필요한 법. 잠재력이 높은 종목이다. 젊은 세대에게 인기가 높은 이유다. 늙은 세대보단 젊은세대에겐 잠재력이 훨씬 높은 상황 아니랴.

땅 매수 목적에 따라 그 성질, 성향이 다른 법. 투자 목적은 잠재성(미래성, 미래가치)을 보고 매수 하나, 실수요 목적으로 움직인다면 친환경적 삶에 초점을 맞출 터이니 말이다. 땅은 다양성이라는 성질이 있다. 집은 단순한 편. 실수요 목적으로 움직일 수밖에 없기 때문이다. 더욱이 월세시대에 접어들면서 수익형부동산으로 사람들이 몰리는 판국 아닌가. 아파트 통해 시세차익 얻기란 하늘에서 선녀 찾기. 그러나 땅은 실수요 겸 투자, 혹은 투자 목적으로 움직임이 가능한 장르다. 실수요 목적으로, 즉 집(전원주택 등) 짓기 위해 땅 사는 자도 급증세다. 귀농 및 전원시대와 관련 있다. 아파트 공급과잉현상에 따른 부작용을 막기 위해 실질적으로 택지개발촉진법을 폐지한 상태지만 땅값상승엔 별 영향 없다. 아파트가격이 추락한다고해서 땅값 추락하는 예는 거의 전무후무한 일. 만약, 아파트 하락에 따라 땅값하락현상이 일어나는 곳이 있다면 아마 그곳은 특수한 성격을 지닌 경우일 거다. 예컨대 지역슬럼화현상이 장기적으로 진행되고 있거나 그밖에 예상할 수 없는 변수작용에 의해 주거인구는 물론이고, 유동인구마저 몰락한 경우일 것이다. 그러나 아파트가 존속하는 곳은 위치(접근성)가 탁월해 좀처럼 미분양이나 미입주현상(악성미분양현상)이 일어나도 땅값이 추락하는 경우는 일어나기 힘들다. 아파트는 잠재성보단 존재성이 강하고, 땅은 존재성이 곧 잠재성이기 때문인 것이다. 존재성은 인내력이나 끈기와 연관 있다.

1급 투자처(특급)와 2급 투자처

부동산의 성질을 제대로 간파+인지할 수 있는 능력은 투자자가 마땅히 갖추어야 할 필수덕목일 것이다. 필수항목이 아닐 수 없다. 그 중(부동산의 여러 성질 중) 한 가지인 부동산의 연계성을 빼놓을 수 없다. 중요하다. 연계성은 잠재성과 결부되어서다. 잠재성이 높은 곳의 특징은, 접근성이 매우 높다는 점이다. 더욱이 다양한 단지가 형성된 곳이 미래성이 높을 터. 1급, 특급 투자처가 아닐까 싶다(단, 전원주택단지는 역시 실수요처로, 혹은 장기투자처로 여기지 않으면 안 될 터. 더불어 교육+교통+자연문화+생활 등을 염두에 두지 않으면 안 될 것이다). 1급 투자처의 조건은 무엇일까.

그 기준점이 명쾌하지 않으면 안 된다. 수도권 내 관광단지(도시지역 내 녹지공간)+주거단지(주거지역)+산업단지(공업 및 상업지역을 적극 대변하는 입지, 입장)로 제대로 구성된 곳이 특급이 아닐까 싶다. 2급 투자처도 존재하기 마련이다. 다름 아닌, 지방의 관광+주거+산업단지화가 이룬 곳이 그곳. 왜냐, 접근성이 아무래도 지방보단 수도권이 훨씬 탁월할 게 분명하니까. 무엇보다, 1급 투자처는 안전성이 빼어나, 당연히 수익성을 보장+보지할 수 있는 법. 곧 이슈거리의 다양성이 곧 안전성의 발로이리라.

토지투자조건이 많을 수록 투자하기 힘든 이유

토지투자조건이 많을 수록 투자가 쉽지 않은 것은, 완벽에 가까운 토지를 만나려는 욕망이 비현실적+기대이상, 상상이상으로 커서일 거다. 완벽한 토지가 어디 있는가. 어차피 토지는 미완성 무기체 아니랴. 대자연의 뜻이 내포되어 있다 해도 과언이 아닐 터. 토지투자조건이 적을 수록, 최소화할 수록 투자를 결정하기가 수월할 것이다. 반드시 거쳐야 할 조건은 급소 아니랴. 그 급소, 즉 핵심사안을 고수한다면 고수(전문가) 수준에 무난히 다다를 수 있을 것이다. 핵심은 많지 않다. 희소가치가 높아서다.

남녀 간 사랑의 조건이 많을 수록 결혼성사가 쉽지 않은 것처럼 컨설턴트와 투자자 간 투자의 조건이 많을 수록 거래성사율은 높을 수가 없다. 반드시 필요한 조건은 '사랑'이기 때문이다. 결혼의 조건이다. 그 밖에 부수적인 사안은 적을 수록 유리하다. 투자 역시 매한가지다. 부동산을 사랑하되 그 성질 중 급소만 제대로 인지하려는 노력이 필요하다. 사랑 이외의 조건이 많으면 결과는 미완성일 것이다. 결혼은 살면서 완성도를 높이는 것이고 토지 역시 보유 중 변혁과정에 기대하는 것 아니랴. 배우자의 미래, 잠재성에 기대하고 토지 잠재력을 믿는다. 완벽한 부동산은 없다. 더욱이 완벽한 토지는 존속할 수 없는 것이다. 투자조건이 많다는 것은 그만큼 완벽한 토지를 바라는 것이다. '완벽한 토지'는 없다. 그러나 잠재력 높은 땅은 있다. 조건이 많다고 잠재력이 높은 건 아니다. 아파트처럼 완료상태의 부동산에 잠재력을 기대하는 건 무리다. 변수, 변혁에 관한 기대감이 토지 대비 낮아서다. 아파트 매입조건은 별로 많지 않다(까다롭지 않다). 토지에 비해 적다. 그만큼 완성도가 높다는 것이다. 완성도가 낮은 토지는 아파트보다 매수 조건이 까다로울 수밖에 없다. 매수조건이 다양하게 표출, 발현하는 게 현실. 그 기준이 다각도로 분출되다 보니 선뜻 투자전선에 뛰어들 수 없는 것이다. 만약, 실수요 겸 투자 명목으로 움직인다면 더욱더 투자 결정이 쉽지 않을 것이다. 왜? 토지에 관한 실수요 조건과 투자 조건은 확연히 다르기 때문. 실수요 겸 투자 목적으로 아파트 매수하는 것처럼 토지도 그런 모형으로 움직인다면 투자를 결정하기 쉽지 않을 것이다. 하우스푸어가 사라지지 않는 것은 실수요 겸 투자 목적으로 아파트를 사는 사람들이 여전히 존속해서다. 토지투자자가 많지 않은 것은 실수요 겸 투자 목적으로 움직이는 자가 너무 많아서 일 것이다.

토지매수 4단계

땅투자 실패는 만족도 낮은 투자의 다른 말. 실수요 명목으로 움직여야 하건만, 투자단계를 밟아 낭패를 보는 경우가 다반사다. 그리고 투자 목적으로 움직여야 하건만, 실수요 단계를 밟는 바람에 만족도 낮은 매수전선을 어쩔 수 없이 밟는 경우가 의외로 많다. 매수 전에 분명한 명목과 목표점이 있어야 만족도가 높을 것이다. 투자 목적으로 움직여야 할 사람이 실수요 단계를 거치면서 만족스럽지 못한 투자가 이루어지는 경우가 많다.

토지매수 4단계(실수요의 경우)

1. 도로가 생명 – 지적도 상 도로가 없다면 매수 할 필요(이유)가 없다.

2. 현장집중도는 100%. 마치 아파트 답사하듯 꼼꼼하게 체크한다. 당장 건축행위를 하려면 그 정도의 노력은 반드시 필요하다.

3. 토지이용에 관한 사안을 지자체에 방문해 담당공무원으로부터 정밀하게, 자세하게 듣는다. 건폐율과 용적률의 사용에 관한 주요사안을 말이다.

4. 1~3번에 관한 정밀한 조사에 대해 만족도가 높다면 계약서에 사인한다.

토지매수 4단계(투자 목적인 경우)

1. 개발이슈에 대한 타당성이나 당위성을 검증, 체크한다. 불요불급한 개발이슈이거나 접근도가 매우 낮다는 판단이 선다면 포기하는 편이 낫다.

2. 현장답사 집중도는 50% 정도. 100%일 필요 없다. 현장은 개발진행속도에 맞추어 100%를 향해 질주할 게 분명하니까. 미래지표를 견지한다.

3. 토지이용은 개발청사진에 대하여 따르는 법. 즉 지목이나 땅 모양이나 용도(건폐율, 용적률 등) 등이 변하는 것. 개발진행속도에 맞추어 현장이 변하고 서류상황이 변한다. 투자하는 이유가 이런 변화, 변수 때문 아니랴. 지자체 방문해 공무원에게 자세히 물어봤자, 그들 대답은 늘 자세하지 않고 객관적이다. 그들은 부동산전문가가 아닌

토지이용담당 공무원이니까. 민원상담을 일임하는 것이다. 민원인 상대로 말 실수를 줄이고 함부로 말 하기를 꺼리는 건 당연지사다. 주관적인 의견을 나누면 위험하다. 공무원 입도 여러 각도로 분석할 필요성이 있는 것.

4. 1~3번에 대해 만족감이 느낄 때 계약한다. 다만, 계약하고 나서 지자체 방문하거나 여러 중개업소에 들러봤자 소용 없다. 왜? 묻는 과정에서 작은 것 하나가 틀리면 투자를 포기하는 사태가 벌어질 게 뻔하니까. 확인과정 중 정계약을 해약하는 사례가 다반사다.

올바른 땅투자, 집매수 과정

땅에 관한 매력포인트를 감지하여 강약 조절하지 못한다면 결과는 만족스럽지 못할 것이다. 투자자가 가장 먼저해야 할 1단계는 가치 파악을 통해 가격을 파악하는 것이다. 차별화 된 가격형태를 유지하지 않으면 가격경쟁력이 낮아 추후, 환금화도 낮아질 수 있다. 2단계는 위치 파악이다. 접근성을 견지하는 과정을 밟는 것이다. 3단계는 현장의 인구동태파악. 지상물 구조(배치상태)를 파악한다. 즉 현장감을 감지하는 것. 4단계는 개발 및 용도지역 체크 과정을 밟는다. 단, 개발경쟁력은 높아야 하지만(차별화와 희소가치가 높아야 한다), 용도지역은 예민할 필요 없다. 용도지역이 낮다고 땅의 미래가치, 잠재력이 낮다고 볼 수 없기 때문이다. 용도지역은 주변상태에 따라 달라질 것이다. 주변상태가 형편 없다면 미래가치에 대해 기대감이 떨어지기 마련이다.

집 매수절차의 1단계는 입지, 위치파악. 공실여부파악이 중차대한 일이므로. 접근도가 낮다면 당연히 공실률이 높아지기 마련. 그리고 편의시설의 구비여부를 파악한다. 3단계는 가격파악이다. 집 매수 시 가격이 최종단계인 까닭은, 땅에 비해 완성(완료)되어질 때 이미 상한선이 정해지고, 땅과 달리 가격상승폭이 낮은 수준일 수밖에 없기 때문이다. 땅의 가격은 개별성(개변성)을 지녔다. 집이 땅에 비해 알아볼 단계가 적은 것은, 완료형태이기 때문이다. 굳이 속성까지 알아볼 필요 없다. 가격 완성도는 집이 땅보다 훨씬 앞설 수밖에 없다. 집은 실수요공간의 의미가 강하고(입주와 공실여부파악) 땅은 투자형태이므로. (예비 땅투자자는) 집을 비롯한 인근 지상물들의 공실여부도 파악해야 한다. 인구파악을 당연히 소중히 여겨야 하니까.

만족스런 투자처가 되기 위한 큰 조건

맹지천국 대한민국의 개발프로젝트가 다양할 것 같지만 정작 그 속을 정밀히 알아보면 그다지 다양하지 않음을 알 수 있다. 신도시나 미니신도시(택지개발지구)개발 혹은 역세권개발이 대표적 개발모드이기 때문이다. 신도시나 미니신도시지역에 반드시 형성되어야 하는 역세권. 역세권지역에 형성되어야 하는 건 신도시나 미니신도시일 터. 이는 투자자 입장에서 만족스런 투자처가 되기 위한 큰 조건이 될 것이다. 실패한 역세권 유형을 보면, 신도시형성 등과 같은 개발모드가 미약한 지경. 실패한 신도시는 역세권모드와 별개 상태다. 접근도가 낮다. 투자자가 가장 선호하는 두 곳은, 신도시 형성지역이나 역세권 형성지역일 터. 그렇지만 관광지에도 역사가 들어서고 전원도시에도 역사가 들어서는 시대가 되었다. 이는 투자처라기 보단 실수요관념이 강한 케이스다. 투자자의 자격요건 중 하나. 가격만족도보단 개발만족도가 더 높아야 한다. 단기투자에 대한 기대감이 증폭되기 때문이다. 공급과잉시대, 당분간 택지조성이 힘들 거다. 공급의 포기를 정부 스스로가 인정한 지경. 이는 맹지를 개발하겠다는 의지의 포기를 의미하는 것이다. 고정인구와 기존 건축물의 동태에 따라 필연적인 개발을 하겠다는 다짐일 것이다. 맨땅을 개발하는, 개방하는 시대는 아닌 것 같다.

당신이 구입한 땅은 가장 좋은 땅과
가장 나쁜 땅의 중간 지점의 땅일 것이다.
왜냐, 가장 좋은 땅과 가장 나쁜 땅은 현실적으로
이 세상에 존재할 수 없기 때문이다.
더욱이 땅의 가치 기준은 다양하지 않은가.
그만큼 땅은 잠재력이 풍족하다는 것이다.

● ● ●

Chapter

03

명품땅의 기준을 바로 정립하라

Chapter 03

명품땅의 기준을 바로 정립하라

부동산 공부는 독학이 가능하다. 부동산은 정답은 존재할 수 없지만
해답은 존재하기 때문이다. 부동산은 과학이 될 수 없지만 철학은 존재할 수 있다.
자신만의 성공기준이 맘속 깊숙이 설정되어 있지 않으면 안 되기 때문이다.

고수와 하수의 질문

고수와 하수의 차이는 극과 극이다. 실력(능력)차가 심하다. 쉽사리 좁힐 수 없다. 고착관념을 버리기 쉽지 않은 자가 하수이기 때문이다. '가격거품' 증상 확인방법을 잘 알고 있는 자가 고수다. 거품가격여부를 잘 알고 있는 자가 고수다. 부동산 가격은 중요하나, 신중한 접근이 필요하다.

하수 - 가격부터 묻는다. 거품가격이라고 무조건적으로 인정, 수용할 수밖에 없다. 가치 검증을 등한시 하니 말이다.

고수 - 가치부터 묻는다. 가치와 가격이 정비례한다는 사실을

인지한다.

> **질문자** : 평당 얼마입니까?
>
> **업자** : 1억입니다
>
> **질문자** : (가치 확인절차 없이) 거품이 매우 심하네요
>
> **업자** : 압구정동 일대라 그런 겁니다

하수와 업자 간 대화다.

그러나 고수는 물건지 위치와 성능부터 묻는다. 부동산가격이 다양하다는 사실을 역시 잘 알고 있는 자가 고수이기 때문이다. 아울러 부동산주인 임의로 가격을 결정하는 구조가 부동산 세계라는 사실도 잘 알고 있는 자 역시 고수다. 요는, 가격부터 알아보는 습관은 위험한 사고다. 가치부터 저울질 하는 습관이 필요한 것이다. 가치의 종류는 적지만 가격의 종류는 많기 때문이다. 가치는 공적요소가 다분하지만 가격은 개별적이다. 지극히 주관적이다. 엿장수 맘대로다. 가치는 공유+공감 하여야 하지만, 가격은 주인 맘대로. 가격의 재료가 가치인 법. 가치의 재료가 가격이 되면 안 된다. 거품 만들기 쉽기 때문이다. 결국, 부동산을 공부하고 연구분석하는 연유는, 부동산 가치를 견지하는 것. 부동산 가치를 알아보는 과정이 바로 부동산 공부인 것이다.

고수의 특성과 하수의 특성

고수가 하수보다 수적으로 적을 수밖에 없다. 부자가 빈자보다 적은 이유다. 부동산 현실을 잘못 인지하고 있는 자가 급증하고 있기 때문인데, 이는 인터넷 통해 부동산정보를 잘못 수용했기 때문에 벌어진 사달이다. 차제에 고수만의 특성을 알아보는 게 좋겠다. 그들은 융통성과 유동성, 안전성, 환금성을 시류에 맞게 움직이려 노력 중이다. 수익성을 우선 바라는 하수의 특성과 다른 것. 차별된다. 구분된다. 고수는 규칙과 더불어, 철학을 따진다. 귀, 눈(규칙)+가슴(철학)을 움직인다. 요동한다. 부동산공법과 공시법에 관한 응용력이 크다. 높다. 하수는 원칙과 규칙(귀+눈)만으로 움직여 위험하다. 이는 공법 응용능력 부재와 같은 말. 요는, 고수는 부동산의 맹점과 규제범위와 그 정도를 정독할 수 있는 능력을 제대로 갖추었다는 것이다.

왜 사람의 눈과 귀가 둘일까. 현장답사할 때 강한 시각의 힘이 필요하고 브리핑 들을 땐 제대로 된 귀가 필요한 법. 높은 판단력과 변별력을 요한다. 잘 보고, 잘 듣고 나서 움직인다. 동물적인 감각이 중요하다. 독수리 눈이 필요하다. 현장감과 접근성을 제대로 볼 수 있는 도구가 필요하기 때문이다. 돋보기(현미경)와 망원경의 역할은 물리적인 면. 사냥개의 귀가 필요하다. 현장 가기 전에 브리핑 들을 때 사용한다. 보청기가 필요한 때는 물리적인 면. 가슴이 바로 열릴 때

투자가 이루어지는데, 여기엔 두 눈과 두 귀의 역할이 크다. 역량이 크다. 길을 제대로 정독하지 못한다면 시각장애자가 될 터. 그리고 말을 제대로 이해, 분석할 수 없다면 청각장애자가 될 터이다.

땅투자 성공을 위해 반드시 견지해야 할 사안들

1. 도시가 형성될 때 용도지역 배치구도는 거반 일률적. 아무리 인구팽창속도가 빠르고 개발규모가 커 개발이 필요한 경우라고 해도 녹지공간은 가장 넓게 분포할 수밖에 없다. 녹지공간이 가장 넓은 이유는, 모든 개발은 드넓은 공간 안에서, 그 속에서 이루어지기 때문이다. 녹지공간은 바로 대자연 상태를 이르는 것. 국토 안엔 물 보호지역과 산 보호지역이 공존한다. 구분한다. 국립공원이나 도립 및 군립공원, 그리고 해양국립공원 등을 그 실례로 꼽을 수 있다.

2. 아파트거품+프리미엄의 원흉 – 조망권

S# 아파트 현장답사지역(아파트 답사현장에서 매매 시 일어나기 쉬운 상황)

매수예정자 : 왜 이렇게 비싼 거지요?

중개업자 : (북한강을 가리키며) 저 멀리 물이 보이잖아요.

매수예정자 : (저 멀리 기피시설물 하나를 발견하곤) 저 멀리 교도소가 보이네요.

매수자는 현장의 단점을 발견하려 애쓰고 중개업자는 현장의 강점을 발견하려 애쓴다. 한 사람은 가격을 깎으려고 노력하고 또 한 사람은 그 반대 입장이니까.

3. 고수 – 땅의 가치와 그 배경에 투자하는 사람. 하수 – 땅 가격에만 투자하는 사람(가격이 비싸면 무조건 피할 수밖에 없는 이유다. 비싼 이유를 알아보는 과정을 안 거친다)

이는 수익성을 보고 투자하는 하수 대비 고수가 안전성을 바라고 투자하는 이유+증거일 것이다. 100% 대운을 바라는 투자는 묻지마 투자로써 지극히 추상적이다. 연구+분석여정을 거치는 투자는 물어보기 식 투자로써 비교적 구체적이다.

4. 부동산가격의 견지 – 부동산 평가기준은 가치의 집중도를 높이는 것이다. 등급(특A, B, C…)을 가격기준으로 평가를 해야 한다. 투자자금이 없으면 무의미하니까. 가격 대비 가치를 저울질 할 수 있는 여유가 필요하다. 평당(3.3제곱미터당)가격을 모른 채 서류와 현장이라는 재료만으로 그 땅의 좋고 나쁨을 판단하면 안 되는 것이다. 가격상태를 모른 채 서류와 현장을 다 확인한다면 확인순간부터 불만족이 마구 쏟아질 수밖에 없다. 서류와 현장, 그리고 개발청사진만으로 그 땅의 가치와 미래를 평가하면 안 된다. 가격이 빠진 채 말이다. 가격 대비가 필요한 법.

5. 부동산 공부는 독학이 가능하다. 부동산은 정답은 존재할

수 없지만 해답은 존재하기 때문이다. 부동산은 과학이 될 수 없지만 철학은 존재할 수 있다. 자신만의 성공기준이 맘속 깊숙이 설정되어 있지 않으면 안 되기 때문이다.

　　6. 땅 매수 전, 역시 반드시 매수 목적이 분명해야 한다. 투자 목적과 실수요 목적이 분명해야 한다. 이를 테면, 예비투자자에게 절대농지(농업진흥구역)를 사라고 말하면 욕을 먹을 수 있지만 예비 실수요 자에겐 절대농지가 통용되니까. 다만, 절대농지가 투자 목적으로 상용될 때는 반드시 개발개요와 개발위치, 그리고 보편타당한 개발 목적이 함께 어우러지지 않으면 안 될 것이다.

가격정보가 부정확할 수밖에 없는 자연적 현상

　　당신이 구입한 땅은 가장 좋은 땅과 가장 나쁜 땅의 중간 지점의 땅일 것이다. 왜냐, 가장 좋은 땅과 가장 나쁜 땅은 현실적으로 이 세상에 존재할 수 없기 때문이다. 더욱이 땅의 가치 기준은 다양하지 않은가. 그만큼 땅은 잠재력이 풍족하다는 것이다. 가격 수명이 매우 짧을 수밖에 없다. 변수가 다양하다. 변수가 없다면 투자할 이유도 없는 법. 오름세도 없다. 변수가 곧 기회인 셈. 변수는 정보를 대신, 대변한다. 가격책정과정은, 기회비용 및 정보에 관한 비용에서 점철+점화+발현한다. 부동산정보에 의해 움직이지만, 그 정보의 다양성과 다

변화로 투자 실패사례가 비교적 많은 게 사실. 예측불허의 세계가 부동산 판이다. 아이러니한 건 개발정보보다 가격정보의 정확도가 훨씬 떨어진다는 것이다. 개발사안은 정보의 바다인 인터넷에 공개되어 있어 비교적 정확도가 높은 편이다. 여러 사람이 공감할 수 있는 공간이 바로 인터넷 아닌가. 가격과 비교해 상대적으로 투명하고 객관적이기 때문이다. 공유 범위가 확대될 수 있다. 투자자의 무대가 넓어질 수 있다. 그에 비해 가격은 어떤가. 불투명하고 불규칙적이다. 너무 자주 변한다. 가볍다. 신뢰성이 떨어지는 이유다. 가격은 역시 개별성과 개변성이 강하다. 정확도가 떨어질 수밖에 없(는 연유)다. 공감대 형성이 힘들다. 가격정보를 얻을 만한 곳이 없다. 개발정보는 각 지자체에서 얼마든지 입수할 수 있지만 가격정보는 부동산업자로부터 입수할 수 있으나 정확도가 낮은 편이다. 가격경쟁력이 곧 정보력인 양 정확한 가격정보 얻기가 쉽지 않다. 정계약한 후 중도금 치르기 전, 현지에 내려가 가격 알아보는 경우엔 정계약해약할 확률이 높다. 그만큼 가격정보가 부정확하고 부실하다는 것이다. 현장의 여러 입들로부터 나오는 소리는 전량 부정적. 투자자의 판단력에 깊은 찬바람이 분다.

지번공개의 이중성

땅 구입 전, 지번 통해 현장답사 해야 하는 건 기본. 그러나 업자로부터 지번을 받은 후 개인적인 일방적인 행동이 문제다. 위성사진 통해 현장을 보면 별 소용 없기 때문이다. 또한 현장답사를 혼자 한다해도 완벽하게 둘러볼 수 없다. 업자의 정밀한 지역 설명이 필요한 것이다. 지역 외적 요소들 말이다. 나름의 매력과 특질, 잠재력 등을 정밀하게 분석, 분별할 필요 있다. 브리핑을 면밀하게 듣지 않으면 안 된다. 땅은 집과 달리 100% 현장을 보고 투자하는 게 아니지 않는가. 현장만 보고 잠재력을 감지할 수 없다. 그렇지만 지번 통해 알아볼 수 있는 최대한의 능력이 있다면 별 상관 없다. 그러나 지번 공개를 원하는 사람들 대부분은 투자자가 될 수 없다. 알아보는 여정이 결코 순탄할 수 없기 때문이다. 걸림돌이 생기기 마련이다. 지번 공개를 원하는 사람들은 인터넷 통해 모든 사안을 알아보거나 잘 아는 공인중개사들을 통해 불규칙한 정보를 듣는다. 알아본들 미흡할 수밖에. 특히 서울 내 공인중개사 중 토지를 전문으로 거래하는 사람이 그다지 많지 않다. 서울엔 땅 거래보다 주거 및 상업시설물 거래량이 훨씬 많지 않은가. 알아보는 과정에서 평소 친분이 두터운 공인중개사로부터 안 좋은 의견을 듣기 마련이다. 그게 인지상정 아니랴. 토지전문가를 통해 땅 견지과정을 밟자.

집 주소와 땅 지번 공개 – 역시 예비 땅투자자가 바라는 것 중 하나가 지번공개다. 현장 가면 다 공개되겠지만 미리 공개를 바라는 건 투자 전에 나름대로 땅의 성능을 알아보기 위함 일 터. 그러나, 역시 알아보는 과정은 만만치 않다. 잡음이 들어가기 마련이다. 특히 가격을 제대로 알아볼 수 없다. 그러나 개발 위치는 어느 정도 알아볼 수 있다. 한국국토정보공사 토지정보 통해 개발구도와 위치를 알아볼 수 있다.

집 주소 – 필히 주소는 공개해야 한다. 내부와 외부 다 체크해야 하기 때문이다. 내부는 집 내부구조를 말하는 것이지만 외부는 주변 편익시설물을 말하는 것.

땅 지번 공개 – 공개 시 신중을 기해야 한다(투자 시). 알아볼 내부사정은, 서류와 개발청사진 체크. 외부사안은 주변정세를 견지하는 것이다. 실수요자 입장에선 필히 지번공개를 해야 하는데 이는 당장 건축이 가능해야 하기 때문이다. 건축 충족에 합당하지 않으면 안 되니까.

투자에 관한 고수의 만족도와 하수의 만족도

투자를 진행하는 과정에서 투자에 관한 고수의 만족도가 하수보단 훨씬 높을 수밖에 없다. 지식으로 움직이려는 하수 대비 고수는 항시 명철한 지혜(자신 만의 부동산철학 및 노하우)로 움직이려고 노력하는 자 아니랴. 사람은 두 가지 모형으로 대별된다. 만족스런 삶을 영위하는 인생과 그 반대의 인생이 있는 법. 불만족스런 삶을 사는 인생도 많다는 것이다. 복된 삶이란 만족도 높은 삶일 터. 만족을 아는 사람이 진정 행복한 사람일 것이다. 성형중독환자가 날로 늘어나고있다. 이는 만족도 낮아 생긴 부작용이다. 육체 부작용보다 정신적 부작용이 훨씬 큰 모형. 투자중독환자 역시 만족도 높지 않아 생긴 부작용일 것이다. 물질 손실보단 정신적 손실이 더 클 터. 만족도 낮은 삶은, 자신의 처지를 모른 채 너무 높은 이상을 향해 달려나가는 삶. 불안하다. 넘어지기 쉽다. 부자를 일방적으로 따라가다간 큰코 다치기 십상이다. 즉 보이지 않는 높은 목표점을 향해 달려나가는 것은 마치 잡히지 않는 무지개빛을 향해 무작정 달려가는 철없는 소년 모습과 같은 것. 절대 잡히지 않아 시행착오만 반복하는 삶을 살게 될 것이다. 부동산 투자 시, 수익률을 지나치게 높게 잡지 말아야 하는 이유다. 업자가 잡아준, 정해진 수익률에 중독되는 일이 없어야 한다. 저금리 시대 수익형부동산의 환상적인 무지개빛 수익률이 하수를 부른다. 비현실적인 모형의 수익구조를 판별할 수 있는 능력이 필요한 이유다. 고수는 현실적인 수익구조를, 하수는 비현실적인 수익구조를 추종한다. 따른다. 고수와 하수의 차이다. 남의 떡이 더 귀하게 보인다고해서 그

떡을 목표로 투자를 강행하는 건 하수의 행동이다. 현재에 자족할 줄 아는 자가 고수다. 자신의 그릇 크기를 잘 알고 있기에 실수 확률이 낮다. 단순히 성공한 삶을 향해 달려나가는 삶은 여유가 없다. 하수의 삶이다. 그러나 고수는 사뭇 다른 모형. 성공대신 성숙을 선택하기 때문. 성숙한 삶을 향해 달리는 인생이 진정한 고수가 아닐까 싶다. 성공에 관한 만족도는 끝이 없으나 성숙은 대만족의 표상. 자족의 삶인 것이다.

투자가 버거운 까닭이 무엇인가. 만족도와 과욕이 문제다. 투자에 관한 만족도가 높아야 투자가 실행에 옮겨지는데, 과욕이 투자의 발목을 잡곤한다. 고수는 투자에 관한 만족도를 높이기 위한 방편으로, 만족도 기준을(잣대를) 정한다. 가격만족도에 집중한다. 개발만족도에 기준을 정하는 문외한과는 다르다. 물론, 가격 및 개발만족도가 모두 높아야 하나, 그게 생각처럼 쉬운 건 아니다. 왜냐, 개발청사진이 화려할 수록 당연히 가격구조 역시 화려할 수밖에 없는 것 아닌가. 개발계획규모가 넓거나 천문학적인 예산이 투입되는 경우, 거품가격현상이 일어나는 건 기정사실. 투자기간도 당연히 길어지기 마련이다. 장기간 큰 돈을 땅에 묻어두는 격. 예상과 달리 너무 오랜 기간 땅에 현금이 묶인 상태라면 땅거지와 별반 다를 바 없다. 예산과 개발면적이 중대할 수록 불안감은 가중+지속될 것이다. 상황이 상황인지라,

개발기간, 공사기간이 장기간 연장되는 건 어쩔 수 없는 현실 아니냐. 이런 여러 모형의 개발변수 때문에 고수가 선택하는 높은 만족도는, 안정적인 구조를 가진 가격모형에서 모색하는 것이다. 불규칙적인, 형식적인 미래청사진보단 안정적인, 현실적인 현재 모습 속에서 만족도를 높이려 한다. 이는 투자를 쉽게 결정할 수 있는 모토인 것이다.

고수가 지향하는 토지투자단계

1단계 - 도로 사정 통해 접근도를 확인한다. 지적도를 검토한다.

2단계 - 접근도를 통해 개발청사진과 용도지역의 성질을, 잠재성을 체크한다. 즉 고정인구 동태파악을 우선시하는 것. 접근성이 낮다면 인구증가세도 낮아지기 마련일 테니까. 고정인구상태가 부실하다면 잠재력은 미약할 것이다.

3단계 - 지적도 통해 지목분포상황을 정밀하게 체크해야 한다. 현장답사 시 꼭 확인한다. 지목이 다양하게 분포되어 있는 지 여부를 직접 눈으로 확인한다.

하수는 용도지역과 지목에 집중하다 보니 접근도를 보지 않는 우를 범한다. 결과적으로 인구상태파악을 외면하는 우를 반복적으로 범하게 되는 것이다. 무엇보다, 용도지역과 지목상태를 자신의 땅에 한정 짓는 것이 큰 문제. 멀리 보지 못한 근시안적 사고가 문제의 발단이 되고 있다. 고수는 내 땅 인근의 땅들의 용도지역과 지목분포도를 살핀다. 거품가격과 거리를 두고자 노력 중이다. 내 땅의 지목과 용도지역에 집착하는 행위란, 거품크기에 크게 노출된 상황 아니랴. 결국, 고수는 지적도 통해 토지성능을 감지(인지)하는 것. 자신의 땅의 도로 사정만 파악하지 않는다. 주변 땅들의 성능, 성질 등을 감지하려 한다. 이는 잠재력 체크를 위한 방안, 방편인 것이다.

하수가 거품크기에 쉽게 크게 노출되는 이유는, 용도 하나에 지나치게 집착하기 때문이다. 투자를 결정하기가 쉽지 않을 뿐더러 설령, 투자를 결정한다 해도 용도지역과 접근성을 함께 견지+견제하려다 보니 비싼 가격에 매수하는 경우가 비일비재하다. 즉 환금성이 떨어지는 물건을 잡기 일쑤인 것이다. 비싼 땅은 추후, 되팔기 쉽지 않다. 왜냐, 투자자의 대부분은 소액투자자들이기 때문이다. 반면, 고수가 투자를 쉽게 결정할 수 있는 이유는 무엇일까. 용도지역에 앞서 접근성에 집중할 수 있는 능력을 가지고 있기 때문이다. 접근성 높은 지역을 우선 선점하다 보면 용도지역이 업그레이드 되기 수월한 것. 고수는 이를 기대, 활용하려는 것이다. 즉 비록 지금의 용도지역이 농림지역이라 할지라도 인근 도시 및 계획관리지역들의 면면을 살펴보고 움직이는 것이다. 다만, 농림지역이나 생산관리지역 규모보다 대규모로 포진하지 않으면 안 된다. 인근에 소규모로 포진되어 있다면 잠재력 크기가 크지 않을 것이다. 고수가 바라는 투자방도는, 호가호위를 노리는 것이다. 여우 같은 여유로운 투자를 지향한다. 여우(예. 농림지역상태)가 범(주변 도시 및 계획관리지역상황)의 위세를 빌려 호기(십분활용)를 부리는 것이다.

안 좋은 부동산(땅)도 팔리는 이유

안 좋은 땅도 팔리는 이유가 바로 특징 없는 땅이 없기 때문이다. 가령 내 땅 옆의 지주가 개발능력이 탁월한 경우와 집의 경우는 내 집 주변이 온통 개발예정, 즉 재개발 예정이라면 불안한 지경인 법. 토지보상법이 무시무시하다. 주변 전셋값이 불안하고 집값 또한 그 생명력을 유지하기 버겁다. 부동산의 특징과 공산품의 특징은 상이하다. 공산품 가격은 그 지속기간이 길고 일률적이다. 변동이 쉽지 않다. 정찰제도가 존속해서다. 부동산가격의 특징은 다르다. 정찰가가 없고 가격공시(부동산공시제도)와 개별공시가 가격공시의 모든 사안. 불규칙적이다. 가격변수현상이 일어나기 십상이다. 즉 가격변수(변화)

현상은 높은 기대감과 거반 비슷한 지경이다.

공산품은 위치와 무관하나, 부동산은 곧 위치. 입지가 곧 생명인 것이다. 땅의 주요사안이다. 인간사 의식주 중 주는 부동산. 의는 위치와 무관하고 식도 위치와 무관하다. 그러나 부동산은 위치에 따라 가치가 수시로 변동한다. 무조건 강북 대비 강남 음식값이 높은 건 아니다. 위치와 무관한 것이다. 그러나 부동산은 무조건 강남 땅이 강북보다 비싸다. 옷과 음식은 강북이 더 비쌀 수 있지만 말이다. 잊지 말아야 할 점은, 강남 부동산이 무조건 좋은 건 아니라는 사실이다. 강북 대비 말이다. 삶의 질의 재료가 반드시 '높은 부동산가격'은 아니기 때문이다. 전원시대에 맞는 부동산은 역사가 깊은 강북지역에 넓게 분포되어 있다. 경기지역과 근접한 지역에 집중분포되어 있는 것이다. 가격 대비 가치가 높다. 전원 및 도시생활을 함께 영위할 만하여 가성비가 높은 편이다. 남양주일대 가치가 날로 높아지는 이유가 무엇인가. 양평 및 가평 일대도 눈여겨 볼만하다. 강남만 환금성 높은 건 아니다. 투자자는 강북의 특징과 강남의 특징을 모두 헤아리지 않으면 안 된다. 강남 특징만 공부하면 기회를 놓칠 수 있기 때문에 하는 말이다. 수도권이나 비수도권 지역도 마찬가지. 수도권만 연구하면 안 된다. 비수도권의 특징도 저버리지 말지어다. 개인적으로 기회를 잃으면 억울하지 않은가.

투자가치 높은 지역

국토는 늙은 지역과 젊은 지역으로 대별되는데 이는 인구가 집중적으로 몰리는 수도권지역과 그 반대의 지방오지지역으로 구분될 수밖에 없기 때문이다. 전체적으로 인구가 줄고 1인 가구의 증가세와도 관련 있을 터. 늙은 지역의 기준은 단순하다. 비경제활동인구로만 구성된 형태이므로. 반대로 젊은동력이 집중적으로 몰린 지역의 구도는 복잡다단하다. 인구의 다양성이 내포되어 있어서일 거다. 경제활동인구와 출산가능인구, 그리고 15세 이상 64세로 구성되어 있는 생산가능인구인 노동인구가 두루 포진되어 있는 지역이 바로 젊은 지역인 것. 투자가치 면에서 상대가 안 된다(심지어 젊은지역엔 노인인구도 증가하고 있다). 경쟁 자체가 무리다. 하나, 늙은 지역과 젊은 지역으로 나뉜다고해서, 늙은 지역이 낡고 병든 지역이라고 단정 짓지 못하는 것처럼 젊은 지역이라고 해서 반드시 미래가치가 높다 볼 수 없는 법. 노숙자, 준노숙인이 많은 지역이나 범죄율 높은 지역이라면 가치가 낮을 수밖에 없기 때문이다. 건강한+건전한 지역과 거리가 멀다. 늙은 지역은 개발계획이 전무하다시피 하다. 귀농귀촌인구 증가와 관련 있다. 투자자가 많지 않다. 젊은 지역은 개발계획이 다양하게 펼쳐져 있다. 젊은 인력이 증가하여 고용창출의 효과가 크다. 지역경제활성화에 관한 효력을 무시할 수 없다.

　　늙은 지역과 젊은 지역으로 대별되는 연유는, 핵가족화와 1인 가구, 솔로족 급증세 때문. 젊은 인구와 노인인구가 균형 잡힌 지역이 보기 좋겠지만 1인 가구와 독거노인, 독거 젊은이가 증가하고 있기 때문에(물론, 이혼 및 별거율도 증가세) 신구세대의 조화가 한 곳에서 이루어지기 힘든 구조. 세대격차가 너무 벌어진 상태다. 경기지역은 노인인구와 젊은인구가 비교적 자유롭게 조화롭게 이루어진 곳. 노인인구 구성도가 높은 지방오지와 차별을 둔다. 수도권과 지방의 개발, 발전의 편차가 심한 이유가 인구의 편차와 격차에서 발현한 것. 서울특별시는 경제인구가 늘고 노인 및 젊은인구가 감소하고 있다. 유동인구가 증가하고 있는데 이는 전철효과와 빨대현상의 점화로 점철된다. 관철된다. 집값거품이 심하고 자영업자 몰락에 의해 주거 및 고정인구가 감소세다. 경기지역의 경우, 고정인구(산업경제화력)와 유동인구보단 주거인구가 증가세다. 지방 대비 수도권지역의 인구포화현상은 멈출 수 없다. 지방오지는 장수시대 슬로건과 맞게 귀농귀촌인구에 대한 기대감이 높은 지경. 지방오지가 계속 늘어갈 수밖에 없는 이유다. 결국, 지방은 실수요가치를, 수도권은 투자가치를 높일 수 있는 것이다.

돈 되는 땅의 기준은 다양하다

1. 불요불급하지 않은 역사 개발지역을 모색하는 데 올인한다. 역에 개성이 없다면, 특징이 없다면 무용지물에 근접할 수 있기 때문이다. 무조건 허허벌판에 역을 건설하는 것은 무모한 짓. 지역주민들 입장에선 희망적인 일(이슈)일 수 있지만 말이다. 트리플환승역사 건설 등 큰 특징이 없다면 투자자 입장에선 투자가치를 크게 기대하는 건 무리다. 불요불급한 역사 개발에도 땅값은 2배 오를 수 있지만(거품과 희망은 일단 들어가면 빠져 나오기 힘든 지경 아니라) 필요한 개발지역의 역사 건설은 2배 이상의 땅값상승동력+능력을 고대할 수 있는 법. 환승 가능한 역은 주변 대도시 인구가 유입인구가 될 수 있는 모토. 잠재가치가 계속 높아질 것이다. 실수요자가 대거 유입될 수 있다. 고정 및 유동인구가 증가한다면 중첩개발과 진배 없는 법.

2. 고용인구(경제인구) 창출을 위한 산업단지, 그리고 젊은인구 유입을 통한 미분양 확률을 줄일 수 있는 대규모 주거단지와 국내외 관광인구를 수월하게 유입할 수 있는 구조를 가지고 있는 관광단지 등 세 가지 단지가 형성된 곳은 투자가치가 3배가 될 수 있을 것이다. 단지 형성 역시 인구가 생명이다. 소중하다. 비어 있는 단지는 지역애물이다. 요는, 갖가지 단지가 지역랜드마크가 되어야 할 줄 안다.

3. 지역의 전체인구가 급감하지 않는 곳을 모색한다. 꾸준히

증가하는 곳엔 분명한 증가하는 이유가 있을 것이다. 그 이유를 정확한 눈으로 발견하는 것은 투자자 사명. 숙제다. 갑자기 인구가 증가한 후 고요한 것보단 꾸준히 조금씩 증가하는 지역이 잠재력이 큰 법. 갑자기 3배 오른 후 장기간 가격소강세 속에 빠지는 경우보단 폭은 비록 좁지만 꾸준히 조금씩 오르는 현상이 고무적. 희망적이다. 돈 되는 땅의 기준은 다양할 수밖에 없다. 갈수록 개발 모형이 다양해지기 때문이다. 아이디어가 풍족하다. 생각의 크기가 다양하다. 그렇지만 개발의 중요성 못지않게 필요성을 분석하지 않으면 안 된다. 그런 과정 없이 투자를 한다면 100% 실패할 수도 있다. 문제는 여전히 불규칙한 가격 모형. 가격의 다양성에 대해서도 투자자 입장에서 정밀하게 분석하지 않으면 안 된다. 유명화가 그림값과 개발이슈거리가 있는 지역의 부동산가치는 부르는 게 값. 가격의 종착점은 있을 수 없을 것이다.

잠재력 높은 땅의 검증 방도

땅 투자자는 땅이 가지고 있는 고유의 성질, 즉 잠재성에 의해 움직인다. 잠재성을 대변할 만한 몇 가지 성질에 의해 적극적으로 움직인다.

1. **다양한 각도의 용도지역** – 내 땅 주변 상태가 다양한 용도지역으로 구성되어 있다면 잠재성 뿐 아니라 연계성에도 관심 갖을 만하다. 내 땅 넓이 대비 주변이 도시지역이나 계획관리지역으로 넓게 분포되어 있다면 내 땅의 용도도 쉽게 변할 수 있다는 기대감을 가질 수 있다. 내 땅 주변이 용도가 다양하다면 잠재력 높은 건 당연지사다. 내 땅 주변에 주거시설만 잔뜩 들어오기보단 상업 및 산업시설이 들어서면 땅값은 천정부지로 오를 수 있을 것이다. 내 땅 주변이 단순한 용도지역상태라면, 그 일대는 기껏해야 전용주거지역의 실체에 머물 게 분명하다. 전원주택단지만 존속할 뿐이라 잠재력 크기가 클 수 있지만 구체적인 미래가 정해지지 않은 상황. 장기간 기대감 가지고 기다릴 수밖에 없다. 기약 없이 고대하는 입장이다. 대자연 섭리에 의존할 수밖에 없다.

2. **개발청사진의 다양성** – 내 땅 주변의 개발청사진이 단순하다면 불안하다. 만약, 그 한 가지의 개발청사진의 개발진척도가 시원치 않다면 큰 일 아닌가. 최소 2~3개 정도의 크고 작은 개발청사진과 지역이슈가 존속해야만 안정세 유지를 기대할 수 있을 것이다. 안전하다. 예를 들어, 택지조성과 더불어, 산업단지의 활성화 바람이 분다면, 혹은 기존 주거시설에 필요한 다양한 상업 및 산업시설이 유입될

수 있는 지경이라면 희망적이고 진취적 반전 효과를 기대할 만하다. 투자의 성공을 눈앞에서 목격할 수 있을 것이다. 단순히 역세권이 형성되기보단 이미 택지가 단단히 조성된 지경이 더 안전할 터. 허허벌판의 역사조성은 불안해서다.

3. **지목의 다양성** – 임야인 내 땅 주변이 다양한 지목으로 분포되어 있다면 역시 희망의 목소리를 들을 수 있을 것이다. 공장용지와 주차장용지, 창고, 대지 등으로 분포되어 있다면 희망적이다. 내 땅에 간접 영향의 바람이 불 터이니까. 대지, 공장용지 따위의 지목들은 사람을 필요로 하는 지목 아니랴. 단순히 농경지(전, 답, 과수원, 목장용지) 혹은 녹지(공원, 임야)로만 구성되어 있다면 미래를 보장 받기 버겁다. 그러나 내 땅 주변이 도시시설(대지, 공장, 학교, 주유소, 창고)이나 교통기반시설(도로, 철도, 주차장) 등이 풍족한 지경이라면 미래를 보장 받을 만하다. 희망의 목소리가 들린다.

4. **도로**(접근성)**의 연계성** – 차량이동량에 따라 장식용 도로인지, 아니면 활용도 높은 도로인지 구분할 수 있다. 놀고 있는 전철도 보기 흉측하나, 장기간 쉬고 있는 도로 역시 보기 안 좋기는 매한가지.

투자자는 위 4가지 중 한 가지의 힘으로도 움직일 수 있다. 건축물은 실수요가치에 집중하지만 땅은 잠재가치(투자가치)에 집중한다.

현재에 투자하는 행위와 미래에 투자하는 행위는 극과 극이다. 땅 매수 전에 반드시 현명한 결정을 해야 하는 이유다.

잠재가치 높은 지역의 특징

아파트 매입과정에서 쉽게 결정하지 못하는 것은, 아파트 잠재력을 보고 움직이려는 맘이 강해서일 거다. 땅 역시 잠재력이 기대와 달리 강하지 않다는 느낌이 든다면 쉽게 투자를 결정할 수 없다. 투자과정은, 해당물건의 숨어 있을 법한 미래가치, 즉 잠재성을 알아보는 것. 이는 결코 순탄치 않은 과정일 것이다. 현재가치를 견지, 표현하는 것도 힘든데 어떻게 먼 미래를 견지할 수 있으랴. 그러나 수도권사람이건 지방사람이건 관심사가 온통 수도권에 몰려 있는 듯한 인상을 지울 수 없다. 서울과의 접근성에 집중하기 때문일 것이다. 서울인구가 접근성에 집중하기 때문일 것이다. 서울인구가 감소하는 것은 서울 주변으로 새로운 투자처를 모색하거나 전원생활의 아지트를 마련하려는 사람들이 증가해서 일 거다. 경기지역의 화력, 잠재력의 끝은 안 보인다. '선(라인)'을 통한 기대감이 충만하다. 도로와 철도선 말이다. 여러 유형의 인구가 변수를 뒷받침한다. 철도건 도로건 인구이동이 부실, 부족한 상태에선 해답 모색이 힘들다. 결론 내리기 쉽지 않다. 유령역사도 없지 않다. 놀고 있는 도로도 없지 않다. 한 지역의 잠재가치는 라인에 달려 있다. 도로 사용량이 다양하고 철도라인 역시 다양하게 바쁘게 돌아간다는 느낌이 들었을 때 비로소 잠재력을 견지할 수 있다고 보는 것. 이런 면에서 경강선의 존재가치나 서해선의 미래가치가 수도권의 미래크기를 창조+조율할 수 있는 강한 잣대로 남을 것이다. 수도권 명성은 면적만큼이나 광대하다. 넓다. 수도권 면적이 지금보다 더 커질 것이다. 영향력이 커질 것이고 잠재력 크기 역시 지금보다 많은 변화를 불러일으킬 것이다. 서울인구가 줄어들어도 경기지역만은 다를 터. 접근성의 화력은 무섭다. 개발청사진을 바꾸는 모토다. 인구만큼 돈과 개발의 힘은 크다. 막을 수 없다. 기대감이 클 수밖에 없다. 투자자가 풍부하다. 서해안 라인과 경강선에 대한 기개의 크기가 크다. 기대가 크다. 의존도가 높다.

　　잠재가치 높은 지역의 특징은, 선의 (크기와) 다양성 아니랴. 고속도로는 물론, 철도라인이 해당지역의 보고(보물) 역할을 할 것이다. 서해선 잠재력은 경강선보다 더 클 수 있다. 경강선 역량은 수도권에 한정될 수 있지만 서해선은 충청권을 넘어 그외 지역으로까지 확대, 전파될 수 있는 화력을 지닐 수 있어서다. 지방오지에 영향을 미치길 바라는 법. 수도권은 오지가 없으나 지방엔 있지 않은가. 부동산의 가장 큰 매력, 화력은 무엇인가. 접근성과 연계성 아닌가. 서해선의 개통으로 충청권인구가 급증하여(서울인구이동, 경기지역인구 이동현상에 의해) 그 인근 화력으로까지 퍼진다면 제2의 수도권이 지방에서 구현할 수도 있지 않은가. 충분히 그럴 수 있을 것이다. 서해선 개발은 지방투자, 즉 장기투자의 모토가 되기에 충분하다. 능력 있다. 미래가치의 표본이 될 수 있을 것이다. 다만 가격이 문제다. 투자금액에 거품이 덜 들어가야 제맛. 쉽지 않겠지만 가격이 업계에서 비교적 저렴한 지 알아볼 필요 있다. 분명 차별된 컨설팅업체가 있기 마련. 가격 견지가 개발 견지과정보다 쉽지 않다. 개발변화에 따른 가격변화의 바람은 자연스럽게 분다. 역시 개발은 국가와 지자체 힘에 의해 움직인다. 이동한다. 가격구조는, 부동산주인이 주축이 되어 움직여 그 변수에 관한 관측, 예측행위는 무리다. 자유민주주의 국가에선, 개인의 부동산에 각종 개발에 대해선 관여할 수 있겠지만 국가가 개인의 가격에 대한 결정권은 없다. 개발의 칼자루는 국가가 쥐고 있지만 가격의 칼자루는 개인이 쥐고 있다. 내가 시세 대비 거품가격에 시장에 내놓아도 국가원수가 손댈 수 없는 것이다. 궁극적으로 시장가격은 부동산주인이 결정하는 것. 국가와 지자체가 나설 입장이 아닌 것이다. 실질적으로 분양가상한제가 폐지된 마당이나, 그 제도가 존재했을 때도 마찬가지 입장. 내 아파트를 내 의지대로 가격을 결정하는데 국가와 지자체가 손댈 수 없는 것이다. 개인의 주권을 침입할 수 없다. 물론, 아파트 출현 당시 분양가가 책정되는 과정이 있었겠으나, 그것은 잠시일 뿐 그밖의 가격변수는 개별적이다. 주인 머리에 달려 있는 것이다. 주인 가슴에 달려 있다. 결국, 부동산의 잠재가치는 무궁무진하여 지역특성에 따라 그 변화속도가 정해지는 것이리라. 개발에 관한 해답은 있을 수 있지만 가격의 정답은 존재할 수 없다. 존재하지도 않는 정답을 찾다가 세월 다 보낸다. 해답을 부동산의 잠재가치로 보는 것이다. 공산품 가격구도는 정부와 그밖의 단체들이 정하지만, 부동산가격만은 개인이 정하는 것이다. 부동산주인이 칼자루를 잡고 있는 것이다. 이 또한 부동산의 잠재가치인 법. 투자의 이유다. 일단 부동산주인이 되면 각종 특권이 개입되어 기분이 상승한다.

대기업 힘 입어 움직이기

상가는 투자 상품으로 각광 받을 만하나, 주택의 경우는 다른 것 같다. 비투자 상품일 수 있어서 하는 말. 대기업이 분양하는 상가는 공실률이 매우 낮지만 대기업이 건설하는 아파트에선 미분양 물량이 나오기 때문이다. 대기업도 실수를 한다. 위치 선정을 잘못했다기보단 시장 분석이 미약한 것이다. 서민들 심정을 도통 모르는 것 같다. 대기업의 위치 선정의 능력은 탁월하다. 그러나 주거지 선정만은 시행착오 겪기 십상이다. 공급과잉과 거품가격, 이 두 가지 사안 때문에 아무리 위치 선정이 탁월해도 소용 없다. 그러나 상가와 주택 인근의 땅들은 입장이 다르다. 가격이 미동하거나 역동할 수 있는 계기가, 기회가 늘 주어지니 말이다. 대기업의 대형 멀티 쇼핑몰이 들어서는 지역엔 비상등이 켜진다. 중소기업과 소기업이 운영하는 가게들은 위기를 맞기도 하니 말이다. 누구에겐 기회가 되지만 또 다른 사람들에겐 위기가 찾아온다. 대형쇼핑센터가 들어서면, 인근 도시, 중소도시의 인구유입이 수월하다. 장사진을 이룬다. 빨대효과와 풍선효과는 극대화 되기 마련 아니냐

대기업 산업단지의 영향력도 몹시 크다. 상업시설(유동인구)+산업시설(고정인구)의 효용력은 가중된다. 한 지역이 반전한다. 발전한다. 진보한다. 유동 및 고정인구의 조화가 만들어놓은 보고. 대기업이 땅주인인 곳 인근의 땅에 투자하는 자도 있다. 투자의 제왕 대기업을 맹신하는 행태. 정경유착, 유유상종이라는 말이 있지 않은가. 정치인, 연예인, 경제인 등은 경제동물의 표상. 부동산 귀재의 대명사가 유명인사들일 거다. 이들이 땅주인이라는 사실 하나가 땅 투자자들에겐 큰 이슈화가 될 것이다. 공인들의 유명세에 따라 가격이 이동하니 웃

기 힘든 해프닝이 아닐 수 없다.

땅 투자자 김모씨(49)는 평창과 이천에 땅을 가지고 있는데 강호동, 이명박 명성에 힘 입어 거의 묻지마 식으로 움직인 케이스. 결과적으로 묻어두기식 투자가 되었지만 땅값 상승세는 컸다. 희망적으로 움직일 수 있는 것이다. 이처럼 공인이, 유명인사가 땅을 가지고 있다면 크고 작은 화젯거리가 되고도 남을 법하다. 화두가 되곤 한다. 투자자의 관심거리로 남는다. '나도 저들처럼 유명한 주인이 될 수 있을 것이다' 라는 확신이 든 모양새. 거부가 되고 싶은 개인의 욕망을 사회와 국가가 적극적으로 막을 수 없는 노릇. 땅 없는 대기업 없다. 땅 없는 재벌은 존재하지 않는다. 현실이다. 이들에겐 땅은 모든 부동산의 재료요 무기로 애용되는 것 역시 현실인 법. 개인적으로 해석하기 나름이다. 수중에 돈이 모자란 사람들이 볼 땐 대기업이 땅을 악용하는 것이요 100억 대 극소수 부동산부자들 눈엔 선용+십분활용으로 비추는 것이다. 여러분의 생각과 의견은 어떤지 궁금하다. 이견이 없을 수 없어 절망과 희망이 교차할 터.

군사시설보호구역 땅주인들에게도 희망 있다. 경기도 연천일대엔 전두환 전 대통령 부동산이 다수 존속하면서 그 일대가 존재가치 높은 땅들로 인기가 높은 적 있다. 전직 군인 힘은 무시할 수 없다. 그 자체가 화두, 화젯거리다. 가격폭등세 유지의 연유다. 인근 지주들에겐 희망이다. 부드러운 분말이 맑은 물에 잘 용해되듯 순리대로 규제가 풀릴 것이라는 기대감은 자연히 커지기 마련 아니랴. 대기업은 정치인들 통해 힘을 얻겠지만 범민들은 대기업 힘을 이용하지 않으면 안 되는 세상이다. 대기업 힘으로 명품부자 반열에 당당히 이름을 올릴 수 있는 것이다.

부동산 미래를 결정하는 조향장치

부동산은 방향을 중요시 여기는 덕목. 부동산을 매입할 때는 바른 방향감각이 필수항목인 것이다. 물리적 방향(예. 위치, 접근도와 연계성)이 미래의 방향지시등 역할을 단단히 하고 있는 법. 잘못된 선택엔 미래가 없다. 역세권에 대한 관심이 높은 이유 중 하나가 미래점검을 다양한 각도로 할 수 있기 때문일 것이다. 잠재성에 대한 기대감이 증폭된다.

현장감 높은 역세권과 현장감이 낮은 역세권 – 완료상태에서 견지 가능

현장감이 높아질 역세권과 현장감이 낮아질 역세권 – 진행 중인 역세권에서 발현, 발견할 수 있다

다양하고, 화려한 역세권 모형 - 멀티+환승역 형태로 트리플 역사. 모든 역세권 투자자의 로망일 터. 다양한 가격변수를 바랄 수 있을 것이기 때문이다. 거기에 속해 있는 환경구조에 대한 다양한 가격변수가 매력 있다. 그 매력으로 역세권에 투자하는 것 아닌가. 다양한 변수는 큰 부동산의 잠재성의 표상(푯대). 그렇지만 거기서 분출되는 땅 또한 다양해 주의할 필요성 있다. 촌티 나는 땅이 있는가 하면 빈티 나는 땅도 있기 때문이다. 귀티 나는 땅도 존속. 바르고 빠른 변별력을 요하는 대목이다. 땅은 지상물과 달리, 외모(환경)로 모든 걸 판단할 수 없는 것 아닌가. 변수의 속성이 중요하다. 잊지 말아야 한다. 변수는 무엇인가. 법(약속+규칙, 원칙) 이외의 것들(상황들)이 바로 변수다. 새로운 상황이 바로 변수인 것. 좋은 변수와 나쁜 변수 중 좋은 변수는 새로운 길의 생성일 터. 접근성이 높아지니 말이다.

오래 전부터 전해내려온 부동산 격언 중 '마누라와 땅은 가까울수록 좋다'는 말이 있다. 그만큼 부동산은 접근성이 생명이라는 뜻일 게다. 안산사람들이 서해안복선전철노선 중 송산역과 향남역예정지에 높은 관심도를 보이는 까닭이 무엇인가. 그들 입장에선 높은 접근성이 큰 매력으로 발산했을 법하다. 신안산선 개발이라는 대형호재가 가슴속으로 직접 다가올 것이다. 화성은 수도권 관광명소로도 손색없는 곳. 유명세를 타고 있다. 부자도시 화성에 투자하면 명품부자가 될 확률이 높을 것이다. 특히 많은 이들이 송산 등지의 미래상에 주력 중이다. 매력을 크게 느낄 터. 송산그린시티에 관한 개발프로젝트가 워낙 거세서다. 거침 없다. 화성 자체가 수도권에 포함되어 있다 보니 관광산업과 그 개발에 관심을 갖게 되는 것. 수도권 대형 인구구조를 무시할 수 없는 노릇 아닌가. 어쩔 수 없는 상황이다. 접근성이 높다. 택지와 산업1번지 역할도 톡톡히 할 수 있는 환경여건이다. 단, 화성 의 관광이미지는 택지조성 등과 같은 개발이슈와는 별개사안. 관광지 매수자는 접근성과 거리가 멀기 때문이다. 제주도 땅을 서울사람들(부 유층을 포함한)이 매수하지 않는가. 최종 목적은 휴양, 휴양 목적이 강한 상황. 재테크 겸 활용 목적으로, 다양한 명목으로 접근하는 사람도 있 을 법하다. 접근성 높은 역세권과 접근성 낮은 역세권이 공존하는 게 현실. 의도적으로 접근도 낮게 역사를 개발하는 경우는 없겠지만, 위 치가 시원치 않은 역도 존재할 수 있다. 위치가 모든 상황을 대변, 결 정, 견지한다고 말할 수 있다. 투자 시 위치 선정에 사활을 걸어야 하 는 이유가 여기에 있는 것이다. 어느 지역에 투자하느냐가 중요한 게 아니라, 어느 지점(위치, 방향설정)을 선정할 것인지를 잘 인지해야 한다.

기존 수도권 전철라인 중 접근도 낮아 현장감마저 휑한 곳을 발견할 수 있다. 만족도가 낮다. 그러나 명목은 상이할 수밖에 없어 전혀 희망이 없는 역사는 존재하지 않는다. 역 자체, 역 존재성이 크기 때문. 나름대로 개성이 존속하는 것으로 지역을 대표하는 부동산이 역사요 지역랜드마크가 역세권이다. 바로 오지를 성지로 급부상케 하는 게 역세권인 것이다. 예컨대, 접근도와 현장감이 낮다 해도 나름의 존재의 이유를 비교적 구체적으로 설명할 수 있는 것이다. 전원(농촌)역세권이니 환경친화적 관광역세권이니 하는 말 말이다. 이러한 형태의 역사가 유리한 점은, 전원 및 도시생활을 함께 누릴 수 있는 것. 힐링공간과 도시생활을 함께 접할 수 있다. 물론, 도시보단 전원의 향기가 더 깊겠지만 장차 지역반전효과도 바랄 수 있을 것이다. 왜냐, 앞으로 전원인구가 늘 수도 있으니까. 도시의 아파트생활에 지레 지쳐 서울을 떠날 것이다. 서울의 집값거품의 이유도 큰 이유 중 하나일 수 있지만 말이다. 차제에 역세권이 완료된 시점에 놓여 있는 지역의 (다양한 각도의) 특질을 반면교사 삼아 역을 맞아야 할 것이다.

땅투자자가 알아야 할 용도지역과 소형부동산 관계

토지의 활용가치는 그 범위에 한정되어있지 않다. 활용가치와 활용범위는 다른 의미를 내포한다. 아무리 넓어도 활용범위의 한계에 부딪친다면 무가치와 진배 없기 때문이다. 토지이용계획확인서를 통해 토지활용도와 그 가치를 알아보는데 그 정확도와 명확성은 그다지 높지 않다. 토지이용계획확인서보다 임야도나 지적도가 더 중요한 이유다. 즉 토지이용계획확인서의 적확성이 50%정도라면 지적도 적확성은 그 이상이 될 수 있다는 것이다. 토지의 규제사안 수위를 알아볼 수 있는 공부(공인된 서류)가 토지이용계획확인서이다. 규제사안 알아보는 과정 중 중요자료로 이용하고 있다. 장기규제(예. 군사시설보호구역이나 상수원보호구역)와 단기규제사안(예. 토지거래허가구역)을 알아본다. 장기적 규제는 토지의 위치와 환경, 즉 자연적인 요인에 관한 규제를 관철하나, 단기적 규제는 거래나 땅값 등 인위적 요인에 의해 규제를 관철, 관장한다. 관리한다. 토지거래허가구역지정 등과 같은 단기적 규제는, 비정상적인 거래를 방지하기 위한 사안. 그 사안이 중요하지 않다. 가수요자가 실수요자를 크게 압도한 경우에 가해지는, 압박용 규제가 심한 지역일 수록 접근성과 현장감은 높아서다. 과열분위기가 식으면 곧 풀린다. 단기규제에 관한 거부감을 가질 필요 없는 이유다. 한 번 혹은 수차례 개발 경험이 있는 경우에 규제가 가해진다. 난개발 방지의 목적이 있는 것. 규제의 목적은 단순한 편이다. 비정상적인 가격구조를 시정, 교정하는 것으로, 무조건 개발을 막는 건 아니다. 필요한 개발을 하되 사치스런, 불필요한 개발을 제거, 제어하기 위한 것. 즉 공실과 미분양 등을 최소화 시키는 노력인 셈이다. 규제의 종류는 단기적 규제와 장기적 규제로 나뉘지만, 자연적 규제와 인위적 규제로 대별되는 것. 자연환경보호(예. 물과 산 보호)는 원천적 규제 대상. 인력으로 막는 건 불가능하다.

바야흐로, 소형부동산이 대세다. 중대형부동산이 애물. 시대가 크게 바뀐 것이다. 용도지역의 중요성보단 현장 접근성이 더 중요하다. 건폐율과 용적률이 높은 부동산은 대형부동산. 대형부동산의 특질은, 미분양과 높은 공실의 대상, 온상이다. 큰 게 공실의 대명사인 격. 크다고 무조건 좋은 건 아니다. 대형빌딩과 대형아파트는 높은 공실률과 미분양에 허덕이는 판국. 건폐율과 용적률은 가격과 정비례하여 가격거품에 크게 노출된 상황 아니랴. 접근성 낮은 지역에 위치한 대형부동산보단 접근성이 빼어난 곳에 자리잡은 소형부동산이 실속 있다. 우위에 있다. 환금성이 높기 때문이다. 규모부터 볼게 아니라 역시 위치선점에 집중할 필요 있다.

땅투자자가 알아야 할 점은, 건폐율과 용적률의 크기에 집착하지 말고 그보다 더 중요한 점을 체크, 체득하는 것이다. 대지의 위치가 중요하다. 나홀로의 대지상태보단 주변의 부동산과 화합, 조화로 이룰 수 있는 여건의, 즉 접근성 높은 임야나 농지가 더 우월하다는 것이다. 압도한다. 앞선다. 주변부동산의 연계성이 낮다면 제아무리 용도지역과 지목이 빼어나도 투자자 입장에선 잠재가치를 기대하기는 무리. 사람이나 땅이 소통이 불통인 경우엔 대책이 없다. 애물이다. 지목과 용도지역에 신경 쓰느니 차라리 해당부동산의 활용도에 집중하라. 즉 해당부동산 주변의 고정인구상태를 알아보라는 것. 인구증가세가 해당부동산의 미래가치를, 투자가치를 대별하는 것이니까. 비어 있는 부동산이 많다는 것은, 그 지역의 투자가치, 미래가치(잠재성)가 낮다는 것이다. 접근금지구역으로 악명 높아 사람들이 무관심하다. 이목에 멀어지기 마련이다. 결국, 땅 가치의 가늠자는 용도와 지목이 아닌, 접근성과 인구 관계 점검인 법. 접근성이 높다고 해서 무조건 현장감이 빼어난 것은 아니니까. 현장감은 고정인구상태로 느낄 수 있고 높은 접근성은 고정인구의 보증수표인 것. 용도, 지목, 접근성과 연계성, 인접성, 현장감, 고정 및 유동인구상태 등 이 모든 것이 한 지역의 부동산의 미래를 가늠할 수 있는 잣대다. 단, 나름의 중요성을 굳이 순서도로 표현한다면, 접근성을 1순위로 보는 것이다. 위치는 입지조건과 상응. 주변부동산의 영향력(예. 연계성과 인접성)을 무시할 수 없다. 나홀로 부동산은 위험하다. 이 세상에 혼자 사는, 독불장군 없듯 부동산에서도 독불장군, 독재는 통용 안 되는 것이리라. 지역 애물의 부동산은 거의 소통이 불통인 부동산이다. 연계성이 0이다. 당연히 잠재성도 0인 법. 명품부자들이 늘 하는 공부는 부동산에 관한 접근성이다. 이들이 성공할 수 있는 이유다.

역세권 개발지역의 특징은 여러가지.
우선, 고무줄가격이라는 점이다.
사람들 관심사에서 제외될 수 없기 때문.
용수철 가격구도를 유지한다. 장기간 그린다.
한 번 늘어난 가격은 제자리로 회귀하기가
거의 불가능하기 때문이다.

● ● ●

Chapter

04

명품부자의 발로는 바로
명품땅으로부터의 시작

명품부자의 발로는 바로 명품땅으로부터의 시작

역세권을 움직이는 가장 강력한 동력은, 동기부여는 무엇일까.
각기 개별적으로 기준이 있을 수 있으나 현실적으로 접근하지 않으면 안 된다.
비현실적인 면이 있다면 실패할 확률이 매우 높기 때문이다.

인간 중심의 개발과 자연 중심의 개발공간

국토 안은 큰 부동산이 들어설 수 있는 공간(예-상업지)과 작은 부동산이 들어설 수 있는 공간(예-녹지공간)으로 나눌 수 있는데, 전자가 역세권 개발지역이라면 후자는 전원생활공간으로 점철될 것이다. 역세권 희소가치(서울 중심으로 경기지역에 집중 포진한 지경)가 전원주택 희소가치(서울 외 전국에 고루 포진한 지경)를 크게 압도하는 건 당연지사다. 인간 중심(보호)의 개발공간엔 큰 부동산이 입성이 가능하여 역세권 개발지역과 신도시 건설지역으로 적정, 적절하다. 자연 중심(보호)의 개발공간은 작은 공간만이 입성이 가능하여 용도변경이 힘들다. 전원생활에 투자하는 공간이다. 자연이 모토이므로 규제지역과 개발사안에 집중할 필요 있다. 상수원보호구역 내에서의 작은 개발, 혹은 그린벨트 내에서의 작은 부동산개발이 그 좋은 실례라 하겠다. 작은 부동산이 입성할 수 있다는 건 용도의 보지를 의미한다. 현재 범주에서 크게 벗어날 수 없다. 강도 낮은 규제 때문이다. 부동산의 존재성을 외부로 표출한 게 곧 용도인 법. 건폐율과 용적률을 통해 용도 성능을 파악한다. 용도가 존재가치를 조율할 만한 기준선인 셈이다.

바야흐로, 전원시대다. 전원주택과 전원생활도 재테크 명분이 강화되는 판국이다. 혼자 사는 사람이 전체인구 중 27%이상. 초고령화시대, 재테크는 선택이 아닌 필수항목으로 자리잡을 게 분명하다. 큰 부동산에 진입할 것인지, 작은 부동산에 들어갈 것인지, 선택의 기로에 서 있다. 큰 부동산과 작은 부동산의 중간지점에 들어갈 사람도 있을지 모른다. 그러나 그런 사람은 투자가 힘들 것이다. 둘 중 하나를 선택하는 길이 살길, 지름길이 아닐까.

장수시대, 나이가 중요하지 않다. 에코세대라고 해서 역세권에 투자하라는 법 없고 베이비붐세대라고 해서 전원생활에 투자하라는 법 없다. 에코세대 등 젊은화력도 전원 및 도시생활을 함께 향유하려는 움직임이 있을 것으로 내다보는 이유다. 역시 서울 집값 부담 때문(일 것)이다. 나이 많은 예비부동산주인 중엔 역세권 중심에 올인하는 분도 계실 줄 안다. 투자엔 정도가 있으나 나이는 없다.

공부, 결혼, 재테크의 공통점 – 나이 파괴!(만학도 존속+결혼적령기
파괴+장수시대 노인인구가 급증하기 때문)

초보자가 필히 접근하지 않으면 안 될 주요사안

여타의 부동산 대비 땅투자 대상물은 다양하지 않아 농지(전답,
목장용지와 과수원)와 임야(64%차지) 매매가 태반 이상일 것이다. 가격구조
는 다양하지만 경제가치를 보장 할 만한 물건은 극히 한정되어 있다.
나머지 지목상태는 농지와 더불어, 실활용에 주안점을 둔 사안. 문제
는, 농지가 처한 처지다. 영농활동을 하지 않는 자의 접근을 금해서
다. 규정이 비현실적이다. 귀농인 입장에선 경제적 부담이 크다. 집
마련과 더불어, 귀농활동을 위한 땅 마련이 큰 부담으로 작용한다. 부
득불 농지를 빌려야 할 상황이 올 수 있다. 땅주인이 아닌데도 농사를
짓는다. 기회다. 집값부담과 땅값부담의 이중고를 덜 수 있는 상황(이
니까). 땅 임대인이 존재하는 이유일 것이다. 한편으로, 경자유전의
법칙이 존재하는 이유가 될 수도 있다. 인구가 가장 많은 지자체, 서
울 사람이 농사를 직접 짓는 경우는 극히 드문 상황일 터(이니까). 농지

는 관리가 필요하나, 임야는 그 반대. 임야의 경우, 악산이 많고 맹지 분포도가 다양한 지경. 현장 및 접근도 면에서 한참 떨어진다. 물론, 야산수준의 임야도 없는 건 아니나, 그 상태의 임야는 경제적 부담이 크게 다가올 터. 현장 및 접근도가 높을 테니까.

땅 투자자가 쉽게 할 만한 규모가 큰 착각은, 자신이 실활용자인 양 전체적인 면보다 그다지 중요하지 않은 부분(관리 및 용도)에 집착하는 것이다. 이런 사람은 타 종목으로 갈아타야 할 것이다.

자동차 관련법 – 자동차보단 사람 보호가 우선.

부동산 관련법 – 사람보다 대자연 보호가 우선.

산지법(산지관리법) – 산림보호 목적.

농지법 – 농지 활용 목적(단, 농지 및 산지 전용 가능)

부동산은 동산화의 대상이나, 규제가 많은 편이다. 규제는 곧 보호를 의미한다. 개발을 하되 보호가 우선순위라는 것. 개발지역(비보호지역)과 보호지역(미개발지역)이 공존공영한다.

규제의 목적 – 난개발 방지. 난개발을 방치하지 않는다. 불필요한 개발은 절대 타파하고 필요한 개발만 진행하라는 취지가 담겨 있다.

수도권의 입지지경 – 규제의 온상이다. 규제 대상지. 중첩규제

지역이다. 난개발을 방지하기 위한 것과 자연보호의 목적이 중첩되다 보니 규제강도가 심한 편. 정비계획(지방 대비 인구밀도가 높아 정리정돈과정이 필요)이 필요한 것이다. 예)과밀억제권역, 성장관리권역, 자연보전권역.

수도권 범위와 역세권 범위

역세권 범위, 반경 기준은 500미터이지만 역세권 개발변수에 의해 그 거리는 거의 무의미하다고 볼 수 있다. 1km가 역세권 반경이 될 수 있고 200미터 내에서도 역 역할을 못하는 경우의 수도 생길 수 있기 때문이다. 수도권 범위와 역세권 범위의 공통점은, 기준이 애매모호하다는 것. 기준이 변화무쌍하다. 역세권 변수의 힘은 강하다. 수도권의 범위는 서울특별시와 경기도, 인천광역시로 점철되나, 앞으로 그 범위가 충청권으로 확대될 터. 아니, 그 이상으로 발전, 진보할 수도 있는 지경에 이르렀다. 전철의 힘이 무섭다. 그 화력이 도로 크기 대비 훨씬 강력하다. 크다. 경춘선 춘천이 발현하면서 춘천의 위상이 높아졌다. 제2의 수도권으로서 존재감이 크다. 유동인구활동력이 크다. 충청권의 활약상은 더 크다. 인구수가 예사롭지 않아서다. 충남의 대표도시라 할 수 있는 천안 인구는 현재 60만명을 상회하고 충북 대표도시인 청주 역시 80만명을 육박하고 있다. 서해안복선전철이 마무리 되는 오는 2020년 즈음 수도권 범위는 더욱더 넓어질 것이다. 산업단지가 다양한 철의 도시 당진도 수도권 입성을 적극 바라는 입장. 수도권의 잠재성을 누가 말리랴. 역세권과 수도권은 잠재성이 높다. 성숙한 역세권 모형은 다양한 구도의 인구분포도. 수도권 인구는 전체인구의 절반으로 이래저래 발전지향적, 미래지향적일 수밖에 없다.

수도권 범위와 역세권 범위는 정할 수 없다. 일정하지 않다. 좋은 변수 대비 나쁜 변수가 적은 곳이 수도권이다. 일정하지 않지만 안전한 이유다. 수도권에 역세권이 즐비한 이유가 다양한 구도의 인구 때문이다. 더욱이 계속 이어지는 서울의 집값과 전셋값 불안이 경기지역 인구증가세를 적극적으로 자극하는 입장. 젊은이들이 경기지역으로 속속들이 이동 중이다. 수도권과 수도권의 역세권이 빛을 발하는 강한 연유이리라. 수도권엔 명품물건이 많다 보니 명품부자도 많다. 졸부보단 명품부자가 더 많다. 수도권 위상이 점차 높아지는 이유요 투자자가 급증하는 연유다.

경기(토지) 잘 안 타는 경기도의 잠재력 크기

대한민국 땅은 수도권(서울특별시와 경기도와 인천광역시)과 비수도권 (지방)으로 대별, 대변된다. 마치 서울특별시를 강북지역과 강남지역으로 크게 분류하는 것처럼 말이다. 수도권 중 경기도는 잠재력 수위가 가장 강력할 수밖에 없다. 서울과 인천광역시에 직접 예속된 상태라서다. 많은 이들로부터 여전히 경기도 땅은 투자의 0순위다. 관심도가 높은 곳이다. 투자자가 계속 증가하는 이유다. 지방 대비 땅 가치와 가격도 높거니와, 상승률 또한 높은 편이다. 실수요자도 급증세. 살기 편하다. 맘편한 곳이다. 럭비공 같이 들쭉날쭉한 서울 집값과 전세난에 신물이 난 경제인구(에코세대)가 상대적으로 주택가격이 약세인 경기도로 대거 이동하는 통에, 즉 실수요자가 급증함으로 말미암아 실활용가치가 높아지는 지경. 땅값도 덩달아 가치와 더불어 높아질 기세다. 기세등등하다. 가격급등세가 기대되는 통에 경기도 땅에 사람들이 계속 몰리는 것이다. 특히 서해안복선전철 공사로 충청권 일부(예-아산, 홍성 등)가 수도권과 직접 연계(될 것이 확실시) 되면서 경기도 인기는 날로 급상승세의 동력을 탈 것으로 보인다. 그러나 수도권은 지방 대비 규제 강도가 높을 뿐더러 중첩규제가 많은 상황. 매수자 입장에선 불편하다(수도권정비계획법에 따른 중첩규제의 실례. 군사시설보호구역과 상수원보호구역과 자연보전권역). 규제는 인구가 많고 개발수위, 난개발 수위가 높을 수록 그 강도가 높아지기 마련이기 때문이다. 규제 없고 잠재력 높은 땅은 수도권엔 없다. 수도권은 고정인구가 급증하기 수월한 조건을 갖춘 곳. 지방오지와는 다르다. 고정인구가 약세인 곳에 규제가 가해질 리 만무. 의미 없다. 단, 국립공원이나 도립공원, 문화재보호구역 등은 예외사항. '인구와 개발'이라는 두 마리 토끼+두 가지 명제를 사로 잡을 수 있는 지역이 수도권이지만 규제가 늘 걸림돌이다. 규제해제나 규제수위에 집중해야 하는 이유다.

서울인구 1000만 시대가 종식된 상황에서 경기도 인구는 서울보다 훨씬 많다. 앞으로 격차가 더 벌어질 것이다. 인구감소세인 서울보다 잠재력이 높은 이유다. 서울보다 경기도 힘이 더 센 이유는, 인구가 급감하는 상황 속에서도 서울의 집값거품수준은 여전히 높다는 점이다. 평균적으로 서울집값은 6억 원이 넘는다. 서울 전셋값으로 집 장만이 수월한 경기도로 대거 이전할 수밖에 없는 것이다. 작은 면적 대비 인구수가 많은 지역은 수원(100만 거대도시), 성남, 안양, 고양(100만 거대도시) 등이지만, 면적도 넓고 인구도 많은 지역이 있다. 바로 화성, 용인(역시 100만 도시), 평택, 파주 등이다. 넓은 면적에 비해 인구수가 적은 곳도 있다. 포천과 연천, 오산, 여주, 안성, 가평과 양평 등이 이에 해당된다. 면적도 좁고 인구도 적은 곳은 의왕시와 하남시와 구리시다.

　　최근 자료에 따르면, 경기도의 총 사업체수는 773,216개로 수원이 65,259개, 성남이 57,942개를 기록하고 있다. 용인도 42,265개나 된다. 화성은 용인보다 더 많은 44,098개를 기록 중이다. 이밖에 평택과 하남은 각기 30,410개, 10,975개. 경기도에 종사자 수(경제활동 및 생산이 가능한 인구)는 총 4,259,215명이다. 이 중 수원이 382,066명이며 성남도 382,974명이다. 주목할 곳은 역시 화성이다. 그 수가 무려(!) 326,788명이니 말이다. 수원과 성남과 대등한 수준이다. 평택(189,251명), 하남(54,356명), 용인(266,118명)은 화성 대비 적은 편. 경기도 주택보급률은 98.7%이다. 경기도에서 주택보급률 100% 이상을 기록하는 곳은, 수원(103.4%) 광명(100.5%) 평택(119.6%) 의왕(106.8%) 이천(105.2%) 김포(133.8%) 광주(124.4%) 여주(104.1%) 양평(117.3%) 동두천(102.1%) 파주(104.2%) 가평(127.3%) 포천(110%) 연천(104%) 등이며 성남은 91.6%를 기록하고 있다. 하남과 용인은 각기 86%와 98%. 주목할 곳은 이번에도 화성이다. 경기도에서 가장 낮은 주택보급률(75%)을 기록 중이라서다.

　　결국, 한 도시의 땅은 주거지역과 공업지역(혹은 상업지역) 진보에 따라 가치의 변형이 이루어지는 법이다. 곧 주거인구와 고정인구 중 하나인 고용인구의 동력을 절대로 무시하면 안 될 것이다. 수도권 명품도시에서 반드시 명품부동산이 발현하는 건 아니나, 지방 대비 확률적으로 높다.

수도권의 현장감, 모든 걸 대변할까

예비투자자 입장에서 현장답사 시 현장분위기에 따라 투자 할 것인지 말 것인지 결정을 할 터. 현장감이 뛰어나다고 해서 투자가치가 높은 건 아니다. 현장감과 접근도가 정비례 하는 건 아니니까. 땅값 미동하는 경우와 땅값 이동하는 경우를 구별하지 않으면 안 된다. 땅값 미동하는 경우는, 오지에 지상물들이 보기 좋게 입성했을 때를 의미할 테니까. 지속시간이 짧다. 땅값 이동하는 경우는, 오지에 각종 인구가 유입되었을 때 발현, 분위기가 오래간다. 지속시간이 비교적 긴 편. 사람들이 부동산변수를 일으키는 강력한 연유 아니랴. 지상물 구조에 비상이 걸리면 큰일이다. 낭패다. 공실률이 높거나 미분양이 일어난다면 땅값 미동현상이 정지될 것이다. 땅값이 약동할 때는 현장감이 높아질 때일 것이다. 공실률과 미분양수치가 낮아질 것이다.

마천루가 입성할 때 폭등세를 유지할 수 있으나, 공실률이 높다면 하락 및 소강구도를 그릴 수밖에 없을 것이다. 마천루 존재가치가 낮아진다. 차라리 이럴 바에야 기피시설물로 여기는 장애인시설이 더 나을 수도 있다. 장애인, 요양시설은 장수시대 모토에 적극 따르는 시설이니까. 현재 장애인, 요양시설들이 부족한 상태다. 그러나 마천루는 남아도는 세상. 갈수록 장애인 수는 늘고 있지만 부자는 줄고 있는 판국이기 때문이리라. 화려한 지상물이 사치스럽다는 것은 아니나, 비어 있는 지상물이 문제. 현장감을 볼 때는 내외부사안 모두 체크해야 한다. 점검 대상이다. 광의로 볼 때 내부는, 인구상태를 말하는 것이고 외부는 지상물구조 및 배치상황을 말하는 것. 협의로, 구체적으로 들어갈 때는 사안이 다르다. 내외부 인구가 달라지기 때문이다. 내부인구는 고정 및 주거인구이고 외부인구는 관광유도(유동) 및 이동인구이다. 현장이 뛰어난 수도권(서울, 경기, 인천)에 사람이 많다. 물 반 사람 반이다. 아니, 부동산 반 사람 반이다. 건물도 다양하기 때문이다. 도로상황도 뛰어나다. 외려 크고 작은 도로가 인구수보다 많은 지경. 놀고 있는, 장식용 도로가 태반 이상 아니랴.

　　서울지역은 부동산 1번지인 강남지역과 부동산역사가 깊은 강북지역으로 구분한다. 가치를 구분하고 가격을 구분하기 위해서다. 강남엔 주거시설도 빼어나다. 화려하지만 질적으로도 수준 높다. 강북 대비 구조 차이가 심하다. 격차가 심하다. 외부적으로 우선, 주거시설 도로가 강북 대비 체계적이고 정리정돈이 잘 되어 있다. 도로가에 어린이와 노인이 없다. 강북 주거시설 도로와 확연한 차이를 보인다. 도로의 질과 사람 질이 우선 빼어난 것 같다. 수도권정비계획법은, 사람 보호와 자연보호와 시설물 보호를 직간접적으로 대변한다. 대변할 수 있다. 사람 보호를 위해 성장관리권역 혹은 과밀억제권역을 제정, 지정한다. 자연보호는, 자연과 인간 보호를 의미한다. 그러나 자연이 우선인 것 같다. 이는 규제의 존재를 의미하며 전원시대와 맥을 함께 한다. 이를 테면 자연보전권역을 말하는 것. 시설물 보호는, 성장관리권역 혹은 과밀억제권역에 해당된다. 과밀억제권역은, 인구 집중유발시설(예—학교, 공공청사 등)의 신설과 증설을 금한다(제7조). 성장관리권역도 마찬가지 입장(제8조). 과밀억제권역에 인구집중 유발시설 중 업무용, 판매용 건축물 등을 건축하려면 과밀부담금을 내야 한다(제12조). 수도권정비계획법은 지난 1982년 12월31일 제정한 후 1983년 7월1일부터 시행하고 있다. 시행 의도는 균형 잡힌 발전이 모토, 목적. 그러나 수도권도 빈부격차가 심한 지경이다. 이런 현상은 지속될 것이다. 경기지역 인구급증세와 무관치 않다.

　　지난 2015년 10월부터 2016년 2월까지 수도권지역 11곳의 사업지구에 토지 총 보상금은 무려 4조2416억. 보상금 일부가 인접지역으로 재투자가 이루어졌을 터. 개별적으로 대토작업에 들어갔을 것이다. 보상을 두둑하게 챙긴 보상자는 땅의 매력, 마력을 손수 느낀 바

적극적으로, 공격적으로 땅에 접근할 테니까.

30대 땅 투자자 급증세 계속 이어진다

2006년 이후 잠시동안이나마 최고의 주택수요현상이 일어난 데는 에코세대 힘이 컸다. 에코세대는 1979년에서 1992년 사이에 태어난 세대로, 베이비붐세대(1955~1963)의 자녀 세대를 말한다. 현재의 에코세대는 1,000만 명을 육박하며 전체인구의 20% 수준. 크게 늘 수 없는 처지다. 반면, 베이비붐세대는 약700만 명으로 조기은퇴자가 급증하고 반퇴세대가 늘어나면서 전체적으로 급증하는 양상이다. 베이비붐세대가 귀농 및 귀촌에 관심 가질 때 에코세대는 땅투자에 관심 갖는다. 투자목적으로 들어가려는 에코세대 대비 베이비붐세대는 실수요명목으로 전원 및 도시생활을 함께 누리려 한다. 오랜 아파트 및 시멘트 생활을 청산하고 청산별곡을 바라는 눈치다. 에코세대나 베이비붐세대나 모두 경제활동인구와 결부, 국가적으로 항상 중요한 위치의 세대들. 특히 땅 투자자들이 늘어나는 데 지대한 영향력을 미치는 자가 30대. 영향력이 곧 잠재력으로 이어진다.

에코세대가 베이비붐세대보다 폭 넓다. 잠재력 면이나 그 폭이 말이다. 다양하다. 30대 땅 투자자가 급증세인 이유는 무엇일까. 내 집 마련 포기자가 늘어서 아닐까 싶다. 내 집 마련 포기현상이 일어난 데는, 들쭉날쭉 종잡을 수 없는 집값 추이 때문. 환금성이 낮아 현금화가 버거운 지경 아니냐. 더욱이 미분양과 하우스푸어에 관한 우려가 커 내 집 마련을 포기하는 자가 늘고 있는 법. 땅 투자자가 젊어지는 이유 중 가장 큰 것은, 내 집 마련에 관한 부담감보다 경제적으로 적기 때문이다. 땅은 소액투자가 가능하다. 생각과 달리, 총 투자액이 많지 않다. 1억 원 안팎에서 많이 움직이는 이유다. 지금의 30대는 과거 30대와는 사뭇 다른 형태다. 사고 자체가 다른 방향으로 흐를 수밖에. 주관이 바로 선다. 내 집 마련을 포기하거나 무기한 연기하는 세대다. 그리고 결혼을 포기하거나 무기한 연기한 특수한⑦ 세대다.

토지는 공공의 공간. 주인은 국가와 국민이기 때문이다. 건축물관리대장이 불필요하다. 당연히 토지대장이 존재한다. 주거 침입성립유무와 별개일 수 있다. 특수한 세대, 에코세대가 땅의 특수한 점을 알고 있는 듯 역동의 기미마저 보인다. 주택시세가 계속해서 종잡을 수 없이 움직이거나 환금화 과정에서 수난이 찾아올 때 젊은세대가 계속 땅으로 몰릴 것이다. 월세시대와 장수시대이지만 수익형부동산이 난립하여 공급과잉의 폭등에 시달리고 있는 상황이다. 그렇다고 벌써부터 일방적으로 전원생활을 준비할 나이는 아니지 않는가.

부동산성공자와 실패자의 차이점

성공자 – 두려움이 적은 자

실패자 – 걱정이 많은 자

1. 성공자는 변화를 두려워 하지 않는다. 실패자는 변화를 두려워한다.

2. 성공자는 변수에 능수능란하게 대처할 수 있지만 실패자는 그 반대. 변수를 두려움의 대상으로 여긴다. 부동산은 변수에 투자하는 것인데 말이다.

3. 성공자는 정리정돈 잘 하는 사람이다. 급소를 손수 만들 수 있다. 발견할 수 있다. 복잡한 사안을 단순화 시킨다. 실패자는 그 반대다. 1을 100으로 만들어 걱정거리와 고민거리가 감사거리와 이슈거리보다 훨씬 많아 정리정돈이 힘들어 머리가 복잡하다. 선택 기로에서 포기의 길을 걷는다.

4. 성공자는 긍정적인 맘으로, 실패자는 그 반대의 맘으로 이동 중이다. 개혁의 눈길에 늘 밝은 자가 성공자이다. 단, 개혁을 과욕으로 여기는 경우 실패율이 높아질 것이다.

5. 실패자는 부동산을 공부하지만 성공자는 부동산을 연구한

다. 보는 시각차, 눈높이가 다를 수밖에.

6. 성공자는 부동산의 성질과 힘(잠재성, 잠재력)을 믿지만 실패자는 사람의 성질과 힘(배경)을 맹신한다.

7. 투자처를 바라보는 시각차가 크다. 성공자는 지역분석 이후 위치파악과정을 밟지만 실패자는 위치파악과정만 밟기 때문이다. 안전모드는, 지역특성과 위치특성(방향)을 함께 견지+견제하는 것 아니랴.

8. **부동산 성공자** – 부동산의 종류를 투자 종목과 실수요 종목으로 나눈다.

실패자 – 투자와 실수요여정을 대별할 수 있는 능력이 부재. 투자종목이 아닌 실수요 종목에 투자해 장기간 현금이 묶이는 사례가 많다.

9. 대출을 무조건 터부시하지 않는 성공자 대비 실패자는 대출을 무조건 두려워한다. 갚을 능력이 있다면 대출노선도 밟아야 한다. 실패자가 대출 받는 경우도 없는 건 아니다. 다만 갚을 능력이 부재한 상황이란 점이 큰 문제다.

10. **규제를 무조건 무서워하는 자** – 실패자

규제를 활용하는 자 – 성공자

11. **주변 고수들을 이용할 수 있는 자** – 성공자

주변 개미들과 악담과 비판을 할 수 있는 자 - 실패자

12. 정보의 발에 의해 이동경로를 결정하는 자 - 성공자

소문의 입에 의해 이동방향을 결정하는 자 - 실패자

땅 고수와 하수의 차이

부동산고수와 하수는 여러 유형으로 대별된다. 아파트 고수와 땅 고수가 있을 수 있고 상가 고수도 있을 수 있을 테니까. 고수의 의미와 이미지가 서로 다를 수 있다. 땅 고수와 하수의 차이점은 넓고 높다.

하수 - 부동산공법에만 의존하는 경향이 있다.

고수 - 부동산공법을 응용할 만한 능력을 지녔다. 자신만의 노하우가 있다.

하수 - 지역 의존형.

고수 - 위치에 따라 기대감이 높다.

하수 - 지목 집착도가 높다.

고수 - 부동산의 활용도에 집중한다. 개발에 대한 집중도가 높은 사람이다.

요는, 고수는 시야가 넓고 하수는 좁다. 하수는 바로 앞의 상황을 보려한다(예-단타). 고수는 원칙을 지키되 변칙을 상용한다. 변칙(편법의 일종)은 지름길. 반칙(불법과 탈법의 온상)과 다르다. 즉 고수는 반칙과 변칙을 구분할 수 있다. 이를 테면, 고수는 역세권 범위가 정해져 있지 않다는 사실을 잘 알고 있다. 역세권의 잠재성 못지않게 역세권의 변수를 잘 아는 눈치다. 반경 500미터 기준이 애매모호하기 때문이다. 역 효과에 따라 역세권 범위가 반경 1km 넘는 경우의 수도 발생할 수 있고 반경 500미터도 안 되는 경우도 발생할 수 있는 법. 역 효과가 천차만별이라서다. 다양할 수 있기 때문이다. 변수에 능수능란하게 대처할 수 있는 능력 유무가 고수와 하수를 구분하는 기준선이 될 수 있을 것이다. 역세권 범위에 관한 기대효과의 크기가 승패를 가른다.

역세권 범위의 기준은 두 가지. 역세권 범위는 개발계획수립과정이나 개발진행 중에는 알 수 없으나, 개발이 완료된 후에는 그 모태가 잘 드러나기 마련이다. 역 효과는 개발완료 이후에 나타나는 법이니까. 역세권 범위는, 완료 이후 지상물들의 구성요소와 그 요건, 그리고 고정 및 유동인구 등 각양각색의 인구동태파악 등을 통해 정해지는 것이다. 그러나 지상물 구조와 배치상황보단 인구상태로 역세권 범위가 정해져야 할 것이다. 왜? 주거시설의 미분양현상과 상업 및 업무시설의 높은 공실현상은 실패 아니랴. 주거 및 고정인구(예–산업 및 상업인구)가 꾸준히 증가한다면 역세권 범위가 점점 넓어질 것이다. 역사규모와 광장의 규모가 중요 요소는 아닐 거다. 역사규모가 크다고 해서 역세권 범위가 확대되는 건 아니다. 역 효과는 역세권 범위의 다른 말. 도시가 형성된 상태에서, 즉 고정인구분포도가 높은 상태에서 역이 형성되는 과정을 밟아야 안정적. 단기투자형태다. 오지, 허허벌판에 역이 형성된다면 불안하다. 장기투자모형이다. 단기투자처와 장기투자처는 가격차가 심하나, 장기투자처라고 해서 결코 땅값이 싸지 않을 거다. 예컨대 서해선 화성일대의 경우, 송산역이 들어설 곳에도 땅값은 싸지 않다. 향남역이나 시청역은 도시가 형성된 모형. 그러나 송산역사부지는 그 반대인데 말이다. 숨어있는 미래, 즉 잠재성을 인정+수용하는 대목이 아닐 수 없다.

역세권 투자와 비역세권 투자

대한민국 국토 범위는 크게 두 가지로 점철되는데 그건 바로 투자처와 비투자처(실수요처)일 것이다. 투자처는 다시 둘로 대별, 대변된다. 역세권과 비역세권으로 말이다. 그만큼 대한민국 국토 안은 도로망 확보와 더불어, 철도건설의 활성화가 지상과제로 떠오르고 있다는 증거이리라. 부동산의 화두일 수밖에 없어 역세권 투자자가 끊임없이 증가하고 있는 것이다. 역과의 근접성에 따른 구분 역시 투자자의 관심도는 높다. 높을 수밖에 없다. 가령, 역과의 거리와 그 근접성 등이 가치의 근원이 될 수 있기 때문이다. 가치의 척도다. 역과 가까운 땅일 수록 최고가치를 구가한다. 영위한다. 독재를 한다. 독주한다. 그러나 리스크 검증절차는 필수코스다. 필히 수용가능성을 체크해야 한다. 더불어 거품수위도 체크대상에 포함되어 있다. 비역세권이라도(직접역세권 인근의 땅) 전혀 매력, 메리트 없는 건 아니므로 그 역시 체크대상이다. 단언은 금물. 확언 역시 금물이다. 체크가 우선이므로. 간접역세권지역의 땅도 매력 있다. 거품과 무관하기 때문에 최소비용으로 움직일 수 있다. 투자기간이 길 뿐이다. 부동산의 가장 큰 특징 중 하나인 연계성에 의해 가격상승의 동력을 기대해 볼만하다. 요는, 역세권 개발효과와 그 범위에 미래의 청사진이 달린 것이다. 수도권의 수많은 역 중 역의 역할을 제대로 수행하지 못해, 그 존재감에 의심 받는 경우도 없는 건 아니다. 가치가 무력하다면 당연히 의심 받을 수밖에 없는 것이다. 결국, 역세권 효과는 역의 범위에서 승패가 갈리는 것이다. 역 존재가치는 여러 형태의 인구에 의해 좌우된다. 외부에서 유입할 수 있는 인구, 즉 이동인구, 고정 및 주거인구의 활동량과 범위에 의거해 역 범위, 범주가 결정된다. 인구 따라 각종 편익 및 부대시설이 입성하는 것이다. 거꾸로 각종 편익구도가 갖추어진 상태에서 인구유입을 바라는 건 무리수. 사람들을 끌어들일 만한 강한 모토와 매력이 있다 해도 무리수인 건 매한가지다. 애초의 비역세권이 역세권으로 돌변하기도 하나, 그런 사례는 많은 건 아니다. 인구규모와 인구구도가 그만큼 주요변수인 것. 역세권 상태의 땅이 비역세권으로 돌변하는 경우의 수도 전혀 예상하지 않을 수 없는 지경. 난개발시대라서 하는 말이다. 역세권의 변수작용은 예측불허다. 다만, 인구가 풍족한 상황이라면 걱정 없다. 역세권은, 고정인구와 택지지구, 상업지구, 관광벨트 등 투자가치를 직접 가늠할 수 있는 강한 모토가 마련된 상태에선 안전망이 구축된다. 실수요자와 가수요자가 리스크 크기가 크지 않은 상태에서 입성, 접근할 수 있기 때문이다.

한 지역에 큰 변화의 물결이 밀어 닥칠 수 있는 근원은 지역랜드마크일 터. 지역랜드마크 없는 곳은 없다. 다만, 그 질적가치와 양적가치의 합일이 문제인 것이다. 아무래도 지역의 화두는 역시 도로망이나 철도망이 될 것이다. 여러각도의 랜드마크 중 가장 강력한 힘을 지녔다. 역세권의 다각도의 해석(분석)이 그 지역 미래 가치를 관철한다. 관측하는 재료가 될 것이다. 잘못 분석한, 잘못 판단하여(역세권 범위를 잘못 관측) 시행착오를 겪는 경우도 없지 않으니 개별적으로 주의

하지 않으면 안 된다. 오지에 간이역 수준의 역사가 그 존재성을 알리러 입성한다면 투자 실패율이 높을 수도 있는 법. 역세권 기대감이 낮을 수밖에 없다. 역세권 투자자가 할 일은 적잖다. 그 중 역세권 범위와 그 효력을 직접 견지하지 않으면 안 된다. 남에게 그 임무를 일임하거나 신탁하는 건 바보짓이다. 자결행위와 같아서 하는 말이다. 직접 점검하는 습관이 긴요한 것이다. 역세권이라는 기준은 확실하게 정해진 바 없어서다. 다양한 변수 때문이다. 국가와 컨설턴트가 정해주지 않는다. 예측범위가 맞는 경우도 있지만 오차범위에 대한 책임은 투자자 몫. 본인 부담이다. 오차 범위가 적을 수록 성공확률은 높아진다. 신뢰를 갖고 움직이지 않으면 투자 할 수 없다. 이미 완성된 경강선이나 앞으로 완성될 서해안선이나 기대감 높은 건 매한가지 입장. 그러나 역 효과를 모두 똑같은 점수를 줄 수 없다. 기존 수도권 경의중앙선이나 경춘선 등을 보면 역 효과의 차별화가 극심하다. 강한 분석력을 요하는 대목. 역 효과와 성공확률을 투자자 스스로 가늠할 만한 기준선을 정해야 만족도 높은 역세권 투자자가 될 것이다. 역세권 범위를 정하는 과정은 역세권 투자자들이 꼭 풀어야 할 숙제다. 과제다. 잠자고 있던 토지시장이 경강선 개통과 서해안복선전철공사로 말미암아 오랜 동면생활을 청산한 상태. 돈이 돌고 있다. 서해안선에 투자한 돈이 어마어마하다. 거의 800조 원이라는 유동성 자금이 돌고 있는 상황에서 말이다. 돈이 빨리 돌 수 있는 모토는 철도라는 사실을 모르는 사람이 거의 없다는 뜻일 터. 철도의 힘은 빠른 스피드와 더불어 빠른 환금화다. 고속도로 못지않게 광범위하다. 그 힘을 모두 믿을 때 투자성공률도 높아질 것이다. 그래서 역세권에 군중심리가 크게 작용하는 것이다. 역 구간마다 투자기간이 다르다. 역사 범위가 달라서다. 역사 범위가 다 같을 것이라는 생각은 오산. 역사 범위가 상대적으로 넓지 않다면, 기대와 다른 방향으로 달려갈 터이다. 투자기간이 길어질 수도 있다. 서해안선 화성의 경우, 송산그린시티개발에 관한 기대심리가 최고수준이다. 환상적인 개발로 말미암아 환상적인 가격폭등효과를 기대한다. 향남역의 경우와 다르다. 무에서 유를 창궐하는 구조가 바로 송산역사일대 모습이라서 하는 말이다. 서해선 합덕역 역시 송산역처럼 현잠감이 높지 않은 대신 미래가치에 대한 기대감이 큰 곳. 개발계획에 대한 높은 기대감인 것. 합덕과 송산의 차이점은, 바로 하나는 산업단지가 발전 모토가 될 것이고 또 다른 곳은 관광단지의 대형화에 따른 높은 기대감일 것이다. 낮은 현장감을 대형개발계획과 모토가 대신한다. 커버한다. 안전한 편이다. 현장감 높은 향남을 선택하든, 개발계획의 적정선에 기대하는 합덕이나 송산지역에 들어가든 이는 개인 취향에 달려 있다. 개발취지가 곧 개인취향과 연계되는 것이다. 각자 나름의 특징이 있기 때문에 단점을 애써 모색하는 건 무리다. 투자자가 절대 될 수 없는 행동이기 때문이다. 개인의 성향을 무시하면 안 되겠다. 250km급(새마을호보다 빠른) 스피드만큼 빠른 환금화효과를 바란다면 기반 및 편익공간이 우월한 곳에 눈독들이기 바란다. 녹지공간에 돈을 투입하는 건 좀 무리라 보기 때문. 역세권 범위의 크기를 각별히 결정, 관리 할 수 있는 사안은, 지상물이나 시설물의 규모와 범위가 아니다. 결국, 사람이다. 사람의 영향력인 것이다. 현장의 인구이든 개발을 인위적으로 만드는 위정자 능력이든 결국 사람이 하는 것. 사람 역량에 기대한다. 현장에서의 산업경제활동인구와 생산가능인구(15~64세) 등의 사람 역할, 영역에 신경 쓰자. 역사 범위와 그의 미래가 결정되는 결정적 요인이 될 터이니까.

안정적인 역세권 투자를 보증할 만한 (거품)가격

역세권 개발지역의 특징은 여러가지. 우선, 고무줄가격이라는 점이다. 거품의 온상일 수밖에 없다. 사람들 관심사에서 제외될 수 없기 때문. 럭비공가격이라 호가위주의 가격을 장기간 유지한다. 용수철 가격구도를 유지한다. 장기간 그린다. 한 번 늘어난 가격은 제자리로 회귀하기가 거의 불가능하기 때문이다. 이는 투자자가 급증할 수 있는 강한 연유일 것이다. 역세권 개발지역의 개발범위와 수용범위를 집중 분석할 필요 있다. 개별적인 노력 크기에 따라 큰 수익률을 맛볼 수 있는 기회가 찾아올 수 있기 때문이다. 예상수요인구도 연구대상이다. 개발진행도 중요하나, 완료 이후가 더 중요하다. 완성된 역세권 범주가 인근 대도시, 모도시와의 접근 및 연계성 확보에도 민감한 반응을 보이지 않으면 안 되기 때문이다. 역세권을 반경 500미터라고 정의하지만, 그것을 곧이곧대로 믿거나 제대로 지키기는 힘들다. 변수가 많고 편차가 심해서다. 수도권 경의중앙선이나 경춘선 일부역사 상황을 보라. 여러형태를 고수한다. 유지한다. 역세권 반경이 다양하다. 100미터 수준에 미달할 정도로 미니역세권도 존속. 역세권 구도가 미진한 경우도 의외로 많(은 상황이)다. 역세권 반경의 기준선을 정하는 자체가 무색하다. 인구분포도가 넓은 역사는, 역세권 반경이 500미터 이상. 역 앞의 주거 및 상업시설 등이 입성하기 적합한 상태다. 멀티역세권으로서의 자질이 있다. 자격조건이 충분하다. 역세권의 안전선과 유지선을 동시에 만족시킨다. 적정한 가격형태라면 리스크가 매우 낮은 상황 아니랴. 역세권 개발형태는 두 가지로 구분할 수밖에 없다. 무에서 유를 창궐하는 형태와, 유에서 유+유를 창궐하는 형태가 바로 그것. 후자의 경우, 주거 및 상업+업무시설이 제대로 갖춘 형태로 고정 및 산업경제인구확보가 완결된 상태다. 당연히 허허벌판에다 역사를 건설하는 행위가 리스크가 클 것이고, 유에서 유를 창궐하는 형태는 리스크 넓이가 상대적으로 작을 수밖에 없다. 역세권예정지에 투자할 때 착공 전에 투자하는 형태와 착공 이후에 투자하는 형태를 잘 구분하지 않으면 안 될 것이다. 전자의 경우, 가격이 저렴한 대신 불안한 상태다. 개발 지연 등의 변수가 문제 아니랴. 후자의 경우, 개발은 안정세이나, 거품에 크게 노출되어 문제다. 가격기준선이 파괴된 상태라 정상적인 가격을 알아내기란 거의 불가능하다.

개발진행모습을 두 눈으로 확인할 수 있는 상태에서 상식선의 가격구조를 유지하고 있다면(즉 건강한+건전한 가격을 유지하고 있다면) 리스크 수위가 비교적 낮은 투자행보가 될 수 있다고 본다.

역세권 투자로 성공한 사람들

역세권을 움직이는 가장 강력한 동력은, 동기부여는 무엇일까. 각기 개별적으로 기준이 있을 수 있으나 현실적으로 접근하지 않으면 안 된다. 비현실적인 면이 있다면 실패할 확률이 매우 높기 때문이다. 각종 화려하고 다양한 건축물들이 대거 입성했다고 그 역사와 그 주변이 발전할 수 있을까. 건축양식이 독특하다고 그 지역의 미래가치가 밝다고 볼 수 있을까. 요는, 그보다 더 중차대한 점은, 역시 사람들에 있는 것이다. 사람들의 양적+질적가치가 중요한 것이다. 실수요자

+가수요자+유동인구를 유도하는 모토 등이 중요한 것. 역사 주변으로 산과 강이 있다면 그 역할에 대해 다시금 상기할 필요 있다. 역사 주변으로 산과 강이 존재한다면 실수요자보단 관광인구가 더 많을 수밖에 없다. 물 보호와 산 보호라는 규제를 의미하는 것이니까. 물과 산이 단순히 조망권이라는 프리미엄 대상일 수는 없다. 규제의 실상 아니랴. 물보호, 산보호, 즉 규제사안이 거품의 온상으로 변질되는 경우도 있다. 즉 어이 없는 가격거품의 유발이 바로 그것이리라. 어떤 부동산업자는 하천을 또 다른 조망권으로 재인식, 억지 해석하는 경우도 있다. 냄새, 악취 생각은 아예 하지 않으려 든다. 대자연과 그 경관을 프리미엄(권리금)으로 여기면 안 되겠다. 꾸준히 증가하는 고정인구가 권리금 대상. 실질적이다.

고층아파트의 조망권을 억지 해석, 재인식하는 경우도 다반사.

1. 저멀리에 있는 아름다운 산세와 강줄기 광경.

2. 저멀리에 보이는 아름다운 여인의 옷갈아 입는 광경.

고층건물의 고충(고통)은 2번. 사생활을 침범, 침해하는 행위 아니랴.

역사투자 실패자는 지상물 양과 배치도를 보고 투자한 자이다. 성공자는 인구모형 보고 자신의 처지에 맞게 움직이는 자이다. 역세권 투자 시 외형보단 내실에 충실, 집중하는 것이 중요하다. 외형이란, 건축양식이나 가격의 모습이겠지만 내실은 인구증감상태. 인구의 양보단 질을 우선 따진다. 젊은인구만 원하지 않는다. 젊은인구와 연만한 인구 비율은 7:3이 적정선이라고 인식하기 때문이다. 인구의 균형감각을 보고 역세권에 투자하는 자가 성공확률을 높인다.

대형교회(교회 경매물건 대부분은 대형교회. 아파트만 빚얻어 사는 게 아니다), 대형빌딩, 대형아파트단지 등 겉모양보단 소형 부동산의 모형에 초점을 맞춘다. 1인, 2인 가구가 급증세이고 독거노인과 독거젊은이도 급증세다. 역사 주변에 중소형부동산이 밀집되어 있고 인구증가현상이 꾸준히 발현하는 곳이 안전성이 높은 곳. 성공확률이 높다. 중대형부동산이 즐비한 상태라면 그 빈 속을 무슨 수로 채우랴. 역사 주변으로 여러 유형의 마천루가 즐비하나, 높은 공실에 허덕이는 경우도 다반사다. 건물보단 사람이 중요한 것이다. 건물 보유량보단 차량이동량을 우선시하고, 더 나아가 차량이동량 대비 사람들 움직임과 그 동태 파악에 집중하지 않으면 안 될 것이다. 사람이동량보다 차량이동량이 많다고 해서 그 지역 미래가 무조건 맑을 수는 없다. 건물, 차량 등보단 사람에 집중하지 않으면 안 되는 이유다.

성공한 역세권 모형

성공한 역세권 모형 – (시간이 흐르면서) 고정인구가 팽창하는 통에 역사 형성과정을 밟는 자연발생적 모형으로, 지극히 안정적. 주거 및 상업, 관광단지가 상존한 상태에서 역사형성의 과정을 거치기 때문이다.

현장모습을 직접 볼 수 있는 상황 – 안전모드(주거시설과 주거인구 증가세에 의한 자연발생적인 상황이므로)

실패한 역세권 모형은, 고정인구 대비 거품증상이 심한 경우다. 불안정적인 모형이다. 허허벌판 휑한 오지에다 역사를 형성하는 경우라서다. 적응기간이 초장기라 불안하다. 고정인구보다 유동인구 의존도가 지나치게 높다면 불안정적일 수밖에 없는 것. 허허벌판 속 거품가격 증상이 발현한다면 불안한 모형을 유지할 수밖에 없는 것이다. 결국, 주변 분위기와 무관하게 개발청사진 하나로 움직이는 시대가 아니라는 말이다. 이는, 역세권 땅 답사 방법이 중요한 이유가 될 것이다. 투자자가 현장답사 과정을 밟기 전에 반드시 인지할 점은, 주변상황과 용도, 도로상황 등을 점검하는 것이다. 내 땅 상태와 모양새만 볼 게 아니라, 땅의 잠재력을 견지할 만한 행동을 현장에서 하지 않으면 안 된다. 결국, 현장답사는 잠재성 가늠 과정인 셈. 현장감과 접근성을 통해 잠재성을 체크하는 경우도 있지만 말이다. 만일, 현장에서 땅을 집 보듯 본다면 투자하기 힘들 것이다. 지목, 땅 모양, 용도 등에 예민할 필요 없는 이유다. 마치 내 집 보듯 땅 자체, 존재가치 자체에 집착한다면 투자가 버거울 수도 있다. 잠재성을 잊으면 안 된다. 잠재성의 표상이 땅이라면 존재성의 표상은 집일 터.

존재가치 표상 – 집

잠재가치 표상 – 땅

현재의 표현 – 집

미래의 표상 – 땅

변수 많은 곳, 역세권에 투자하기

우리 국토는 역세권지역과 비역세권지역으로 구분할 정도로 역 개발, 철도건설이 다양한 편이다. 전체인구가 감소하고 있지만 길 개발은 멈출 줄 모른다. 천리마가 마구 달리는 양 번잡스럽다. 시끌벅적하다. 이는 변수 많은 곳과 변수가 적은 곳으로 대별할 수 있는 연유가 되기도 한다. 그만큼 역사 개발은 모든 사안, 변수를 대변할 수 있다는 것이다. 신도시나 택지개발지구가 형성되면서 각양각색의 여러 색깔의 인구가 유입하여 인간이 살 수 있는 각종 모형의 편익 및 기반시설물, 지상물들이 입성하면서 큰 변혁의 물결이 일렁일 수 있는 큰 계기, 모토가 될 테니까 말이다. 서해안선이나 경강선 등에 관심사를 보이는 건 결국 한 가지. 변수를 바라는 눈치 때문. 큰 변수 말이다. 나쁜 변수 말고 좋은 변수를 고대한다. 나쁜 변수를 바라는 이는 없을 터. 언제나 긍정의 힘을 믿을 터이니까. 역세권 주변의 상업지 넓이, 범위에 따라 역사 개발효과는 확연히 드러나기 마련이다. 투자를 꺼리는 이유는 변수에 대한 두려움이 커서일 거다. 나쁜 변수가 항시 문젯거리다. 고민거리를 만들어내기 때문. 좋은 변수를 생각하는, 곧 희망적인 긍정적인 마인드가 필요하다. 변수를 애써 외면할 정도로 싫다면 투자 안 하면 그만. 역세권이라는 배경, 뒷배경을 보고 움직일 때는 각고의 노고와 역량이 필요하다. 용기와 결단, 즉 용단 없이는 역에 투자할 수가 없는 것이다. 겁 많으면 안 된다. 겁이 없을 수는 없다. 겁이 적으면 자신감이 커지는 법. 아니, 자신감이 충만할 때 겁 따위는 두려움의 대상이 될 수 없는 것이다. 겁은 개별적으로 사치에 불과하다.

1. 변수가 많은 곳에 투자하기 – 리스크가 크고 수익성이 크다. 예) 역 개발계획+진행지역에 투자하기. 나날이 발전, 변화하는 역사와 그 반대의 역사가 공존하는 건 기정사실.

2. 변수가 적은 곳에 투자하기 – 리스크가 적고 수익성이 적은 것 예) 개발이슈가 없으나 도시와 전원생활을 동시에 향유할 수 있는 지역에 투자하기, 즉 실수요 관념이 강한 곳이다. 리스크 없는 투자는 없다. 리스크 크기가 투자과정의 관건. 크기를 줄이는 데 노력한다.

100% 안전한 투자처는 없어서다. 100% 수익성을 보장 받을 만한 곳은 존재하지 않기 때문이다. 투자자는 책임감과 의무감이 동반되어 투자를 결정한다. 책임은 의무적으로, 의도적으로 지게 되어 있다. 자신의 이름으로 계약하고 등기(등재)하는 것 아닌가. 부동산주인으로서 책임감이 막중하다. 다양하게 분출될 변수사안에 일희일비 하는 일이 없어야겠다. 미래에 투자하는 행위가 부동산투자다. 변수에 투자하는 것이다. 다만, 변수의 크기가 문제다. 변수 크기가 넓은 곳에 입성하느냐, 작은 곳으로 발길을 돌리느냐가 관건이다. 아무래도 변수 크기가 큰 곳이 결과가 빨리 나올 것이다. 즉 단기투자처가 될 수 있는 것이다. 변수 크기가 작은 곳은 장기 혹은 초장기로 움직이는 곳. 묻어두기 식으로 안정감이 책임감과 의무감을 앞찌를 태세다. 지레 겁 먹고 움츠러드는 기세다. 그렇지만 변수가 큰, 곧 변수가 많은 곳으로 발길을 돌리면서도 기세등등+의기양양 한 자가 있다. 자신감이 크다. 복불복(사람의 운수)식 투자를 지향하는 태도는 아닌 법.

　　역의 역량, 효과가 크다는 사실은 누구나 잘 아는 만고의 진리와 같은 것. 그 실효성이 문제로 비화된다. '역세권법(역세권의 개발 및 이용에 관한 법률)'에 의해 그 효율성, 경제성은 극대화될 것이다. 그 성질과 위치와 방향에 따라 투자자에게 역사가 효자노릇 할 것인지, 아니면 불효 노릇을 할 것인지가 결정된다.

실패한 역세권과 성공한 역사의 차이

역사 형성지역 인근의 용도지역과 지목, 면적, 개별공시지가 등 토지이용의 표면적인 사안 하나로 역사 성패를 가늠하는 건 무리다. 왜냐, 용도와 지목이 변하지 않았다고 인구부족현상이 일어나는 것이 아니요 또한 용도와 지목이 변했다고 해서 인구팽창현상이 반드시 일어나는 게 아니니까.

실례) 국제금융지역으로 유명한 여의나루역과 그 인근은 지목이 하천, 용도지역은 도시지역 자연녹지지역상태이며 인천1호선 국제업무지구역과 인천대입구역 두 곳 모두는 일반상업지역, 중심상업지역으로 지정된 지 오래되었지만 여전히 현장감이 낮고 인구가 태부족상태다. 남춘천역은 다른 모형. 자연녹지지역이지만 인근 춘천역 대비 현장감이 뛰어나고 인구가 부족하지 않다. 용인 경전철일대는, 하천, 임야, 전답의 지목으로 아직까지 발현 중이다. 자연녹지지역과 수변경관지구, 중요시설물보존지구 등으로 지정되어 있는 상태다. '작은 전철'의 이미지가 강할 수밖에. 파주역은 계획관리지역 및 개발진흥지구로 분포되었지만 여전히 현장감은 현저히 낮고 접근성마저 의심 받는 지경이다. 인구부족현상이 심하다. 강촌역은 임야지만 계획관리지역. 현장감이 낮고 관광인구에만 의존하는 형태다. 구리역 지목은 답. 자연녹지지역 및 완충녹지상태이고 유수지가 기생 중이다. 그러나 접근성과 현장감이 높고 유동인구 증가세가 경이롭다. 의정부경전철 역시 작은 전철 이미지에서 크게 벗어나지 못하고 있다. 용인경전철 대비 사용량이 그다지 많지 않을 수밖에. 용인과 의정부 인구차가 극명하게 드러난 마당 아니랴. 의정부시청역은 답. 자연녹지지역상태다. 그러나 접근성이 높고 다양한 각도의 인구를 쉽게 관찰할 수 있는 상황이다.

이뿐이랴. 역사 개발규모가 크고 화려하다고 해서 성공한 역사는 아닌 법. 역세권 개발규모 대신 그 영향력 범위가 주요사안이기 때문이다. 주거공간과 상업 및 공업공간 등이 녹지공간과 함께 조화와 균형을 이루었을 때 성공한 역사라 과감히 평가할 수 있는 것이다. 규모보다 용도배치구도가 중요하다. 상업공간이 들어설 자리에 녹지공간이 들어서는 경우의 수가 일어나면 안 되기 때문이다. 이는 인구를 끌어들일 만한 구조가 아닌 것이다.

실패한 역사 – 역사 규모 대비 그 영향력이 미약할 때, 그리고 인구증가현상이 일어나지 않을 때 발생할 수 있다.

성공한 역사 – 다양한 각도의 인구가 유입되어 잠재력이 큰 곳, 역사 랜드마크가 존속. 중첩개발지역의 역사(에. 주거 및 산업단지, 관광단지 형성)를 보지한다.

실패확률이 높은 역사 건설 – 오지 속, 인구부족상태에서 역사가 건설되는 경우다.

성공확률이 높은 역사 건설 – 고정 및 주거인구가 확보된 상태에서 역사 건설. 즉 택지조성지역에 건설되는 역사+인구속증상태 를 유지할 수 있다. 그 좋은 실례가 바로 서해라인의 향남역 일대가 될 것이다.

부동산으로 성공한 사람들의 변할 수 없는(지경의) 10가지 본성

1. 자신만의 부동산철학(노하우+기준선)을 보유하고 있다.
2. 신중하되 과감한 행동을 불사한다.
3. 부동산공법 등 부동산 법률이나 원리원칙을 참고로 하고 예외사안 등 특별한 경우의 수에도 등한시 하지 않는다. 집중도를 한층 더 높인다.
4. 부동산의 핵심사안을 매일 반복적으로 체크(연구분석)한다. 부동산 급소가 영원하지 않기 때문. 탄력적이다. 융통성 있다.
5. 긍정적인 성질이 강한 편. 부정적이지 않다. 감사거리, 이슈

거리 만들어 긍정적인 맘으로 움직이려 애쓴다. 때로는 비판한다. 예외사안에, 변수에 집중할 필요 있기 때문.

6. 소탐대실하지 않음을 통해 스스로 고도의 만족감을 느낀다. 수시로 불만족감을 채워나간다. 긍정의 힘을 적극적으로 믿는다. 긍정의 물을 매일 수시로 마신다. 긍정의 글을 매일 수시로 읽는다. 이는 부정의 말을 멀리 하기 위한 자기나름의 위안이자 노력인 것.

7. 부동산의 장점과 강점을 잘 알고 있지만 맹점파악도 자주 한다. 역시 규제를 공부한다. 규제를 분석한다. 우리나라 부동산은 규제의 온상 아니랴.

8. 성공한다는 생각으로 투자한다. 실패와 시행착오 두려워 못 움직이는 하수들과는 다르다. 자신감, 확신이 있기 때문이다.

9. 신문을 매일 정독한다. 부동산을 매일 읽는다. 판단력이나 변별력 높이는 수단으로 애용한다.

10. 투자시기를 스스로, 수시로 창궐한다. 투자시기를 누구에게 자문하는 일 없다. 여윳돈이 있을 때 여유로울 때 투자하는 습성 때문. 사시사철 비수기(불경기)와 성수기를 따로 두지 않는다. 자기 주관+판단하에, 그리고 자기 책임하에 움직이기 때문이다. 조급하지 않다.

역세권개발과 땅값변동사안

개발계획 수립하는 것보다 더 힘든 게 있다. 땅값 정립하는 과정이다. 개발계획 수립은 개인이 하는 게 아니지만 땅값 정하는 건 순전히 개인적, 주관적이니까. 예컨대, 트리플환승역사 주변 땅값을 생각해보라. 정해지지 않는다. 시간이 곧 돈이다. 가격이 수시로 변하지 않을 수 없는 상황이기 때문이다. 일반 역사가 지정되어도 땅값이 정해지지 않은 상황인데 하물며 트리플환승역사자리야 오죽하랴. 수시로 가격변화증상에 허덕이지 않을 수 없는 것이리라. 역 개발계획 때 땅값(착공 전)과 역사개발 시(착공 후) 땅값 차이는 2배 이상, 혹은 그 이상일 수 있다. 경기도 화성의 경우, 택지가 조성 중인 향남역일대는 착공 전 100만 원 안팎이 주류를 이루었지만 착공 이후 가격폭등세가 꾸준히 이어지고 있다. 호가가 주류를 이룬다. 트리플역사 개발완료 지역의 가격은 예상이 불가능하다. 착공 전과 후의 차이를 분석하는 게 거의 무의미할 지경. 화성지역의 그린벨트 일번지라 할 수 있는 송산지역(그린시티 개발지역)은 서해선 착공 전과 후의 가격차가 향남일대보다 더 심하다. 불과 5년 전엔 평당(3.3제곱미터당) 5만 원 안팎이었던 곳도 있었지만 지금은 사정이 다르다. 100만 원 이상 호가한다. 그 이상 부르기도 한다. 송산역사는 계획대로 대형관광단지가 완성된다면 땅값상승폭은 화성시청역이나 향남역 대비 훨씬 우월할 수도 있다. 개발행위에 따라 송산역사 주변의 그린벨트가 해제되고 향남역사 주변의 농업진흥구역이 해제되면서 땅값급등세가 확연히 그 윤곽이 드러날 터이다. 현재로선 화성시청역 땅값은 거의 꼭짓점 수준. 개발행위허가제한지역으로 지정된 이유다. 그에 비해 향남이나 송산역사는 땅값오름세가 계속해서 속등세를 유지하고 있다. 화성시청역사 앞이 개발행위허가제한지역으로 지정된 이유가 무엇인가. 계획관리지역으로 분포된 상황이라 개별적인 개발과 난개발을 방지하기 위한 자구책인 법. 향남역사 주변으로 분포되어 있는 농업진흥구역 안에선 개별적인 개발이 불가능한 상황. 굳이 개발제한을 할 필요가 없는 것이다.

여하튼, 역 개발지역과 그 주변 땅값은 정해진 바 없다. 수시로 변할 수밖에 없기 때문이다. 그린벨트 온상 화성 송산지역의 변화모드와 그 속도를 보면 쉽게 그 현황도를 그릴 수 있지 않은가.

당진 합덕역과 화성 향남역+홍성역

오는 2020년 완공 목표로 총사업비 3조8280억 원이 투입되는 서해안복선전철사업이 지난 2015년 5월22일 기공식을 가지면서 당진 지도가 대대적이고 획기적으로 바뀔 기세다. 합덕역 건설에 관한

서해선 복선 104 정거장(향남 정거장) 경기도 화성에 위치

기대감이 커서다. 서해안복선전철 합덕역이 완성되면 당진은 국제항만인 당진항과 서해안고속도로 당진~대전 간 고속도로(2009.5.28개통)에 이어 철도까지 활용도를 극대화 할 수 있어 서해안 물류거점도시로 거듭날 게 확실하다. 당진의 전체인구는 166,987명(2017.3현재). 합덕읍 인구는 9,995명으로 당진 14개 읍면 중 7번째 규모다. 향남역 향남읍 인구는 75,000명으로 화성 24개 읍면동 중 1위 규모다. 향남역세권은 현장감이 탁월한 상황. 그러나 합덕역은 향남역 대비 현장감은 낮은 편이다. 대신 잠재력은 크다. 개발계획이 확실한 상황이기 때문이다. 택지 조성이 끝나거나 조성 중인 향남에 비해 합덕은 현장감이 그다지 높지 않은 상태다. 고정 및 주거인구상황속에서 여실히 증명된다. 그렇지만 수도권과 직접 연계됨으로 고정 및 유동인구가 함께 증가할 것을 기대하는 지경. 서해선 홍성~송산 복선전철노선 중 수도권과 충청권은 각각 4곳이 들어서는 상황(수도권 4곳: 충청권 4곳). 화성 송산~시청~향남~평택 안중(수도권)~아산 인주~당진

합덕~도청신도시~홍성(충청권).

홍성의 현재 인구는 100,840명으로 계속 증가세. 충청남도 7개 군 지역 가운데 인구가 가장 많다. 홍북면 일원에 내포신도시(충남 예산군 삽교읍+홍성군 홍북면 일대가 수혜지역. 9,951,729제곱미터 규모에 인구 100,000명 수용 예상. 개발기간은 2007~2020)가 조성되고 있으며, 2012년에 충청남도청이 대전에서 홍성으로 이전한 상황. 군청소재지가 홍성읍에 있는 홍성군은 서해선 완공 이후 인구폭증이 예상되는 곳이다. 지금까지는 불안전한 인구이동현상에 시달렸다(1999-97,472명 2008-88,176명 2011-88,108명 2013-89,704명).

서울의 입지 점점 좁아지면 호기 찾아온다

지방 아파트 평당가도 1000만원 선을 넘은 지 이미 오래다. 이는 집이 실수요 종목, 혹은 초장기 투자종목으로 자리를 굳히는 상황과 전혀 무관하지 않을 것이다. 시대가 변천하고 있다. 사람들이 집을 투자종목으로 여기기보단 실수요 장르로 여기는 까닭이 무엇이랴. 장기투자로 흐를 공산이 크다. 집값이 스스로, 수시로 떨어져서 그런 것 아닌가 싶다. 그런데도 미분양 무덤이 많은 지방 아파트에도 집값거품증상이 들어가니 도통 이해가 안 되는 것이리라. 그러나 여전히 서울 외의 지역들은 서울과 비교대상이 될 수 없다. 서울 집값거품증상은 도저히 사라질 기미조차 보이지 않기 때문이다. 서울의 집값거품과 전세난에 심히 허덕이던 수많은 경제인구의 경기지역으로의 이동현상이 멈추지 않는 이유다. 어디 경기지역 뿐이랴. 젊은 경제인구의 이동범주가 충남까지 확대될 것으로 전망된다. 이는 서해안선 착공이 발표되면서 쉽게 예측 가능한 사안. 충남 홍성에서 서울 영등포까지 불과 53분이면 주파가 가능해서 하는 말. 서해안선이 완성되는 오는 2020년부터 홍성에서의 전원생활과 서울에서의 도시 및 직장생활을 겸할 수 있다는 예증이리라. 범민 입장에선 서울에선 희망이 없다. 인구가 줄면 집값하락현상이 일어나는 건 당연한데 유독 서울만은 예외이기 때문이다. 인구가 계속 줄고 있지만, 즉 인구 1000만 선이 깨졌는데도 아파트 거품선은 좀체 깨질 줄 모르고 있다. 서민입장에선 서울은 어쩔 수 없어 접근금지구역이 되고 말 터. 제한지역이다. 서울

서해선 복선 104 정거장(인주 정거장) 충남 아산 인주 위치

은, 수많은 무주택서민들에겐 절망의 도시에 불과해 서울입지는 점점 좁아질 수밖에 없다(서울만은 내 집 없는 사람이 50%수준

을 장기간 유지 중이다).

    그렇다고 집 가진 사람들이 마냥 즐거운 건 아니다. 주거비 부담이 커 젊은인구가 내 집 마련하기란 빚 없이는 거의 불가능하다(서울의 평균 주거비 부담액은 6억!). 이는 평균적으로, 지속적으로 하우스푸어와 미분양이 전국에서 가장 많이 분포되어 있는 이유가 아닐까 싶다. 지방 대비 여전히 집값하락현상과는 무관한 도시가 서울이니까. 집이 실수요 종목(혹은 장기투자종목)으로 자리를 잡으면서 수도권이나 그 인근(충남 아산, 천안 등지) 등에도 관심을 두게 되는 것이다. 기존 교통망이 희망인 셈. 이런 관점에서 서해안선이 마무리 되는 오는 2020년 이후의 대한민국 지도가 지각변동을 일으킬 수 있다고 본다. 제아무리 거품이 든다해도 서울만 하겠는가. 그 수준이 비교대상이 될 수 없다. 서울은 범민들이 살기엔 주거비 부담이 큰 곳. 그렇기 때문에 서울은 젊은인구 입장에선 산업경제활동의 영역(영향력)에 불과한 곳. 그 이상(예-베드타운)의 의미는 없다. 이는 경강선과 서해안선이 젊은인구들로부터 관심 대상이 될만한 이유가 될 것이고 경강선과 서해안선이 더욱더 젊어질 수 있는 이유인 것이다. 수도권에서 많은 젊은 경제인구의 세력이 이동할 게 분명하다. 젊은피가 대거 이동하면 잠재력 폭도 지금과 비교가 안 될 정도로 커질 것이다.

경강선 광주+이천+여주인구가 급증할 수 있는 강력한 에너지원

경기도 3대 도자기 도시인 광주, 이천, 여주인구는 그다지 풍족하지 않다. 광주 전체인구는 장기간에 걸쳐 30만 명대, 여주는 10만 명대, 그리고 이천은 20만 명대에 머물러 있기 때문이다. 물론, 꾸준히 조금씩 증가하고 있지만 아직까지는 만족도가 높은 편은 아니다. 경강선 광주, 이천, 여주 중 총 면적이 가장 넓은 곳은 이천이다(광주 4개역은 109만 제곱미터, 여주2개역은 117만 제곱미터, 이천3개역은 233만 제곱미터). 인구규모가 경기도의 1.7% 수준에 불과하나, 재정자립도와 재정자주도는 각각 44%와 65%수준. 전국 평균 재정자립도와 재정자주도는 각기 45%와 68%대이니 잠재성을 기대할 만하다. 드넓은 역사개발에 지대한 관심도를 보이고 있는 이천의 도로포장률은 67%정도를 유지 중이다. 경강선의 광주, 이천, 여주가 역 효과를 대대적으로 보려면, 지역이 크게 반전하려면 주거인구가 급증하지 않으면 안 될 것이다. 그러기 위한 선결조건, 전제조건이 있다. 역사개발을 핑계로 주택가격에 거품이 주입된다면 큰일이다. 역 효과가 역(반대)으로 갈 것이 분명해서다. 대다수 무주택자들의 부담감이 커져 경강선으로의 유입이 쉽지 않을 것이다. 서울, 분당, 판교신도시의 집값 수준은 높은 지경.

최고수준이다. 대다수 서민들에겐 큰 부담이 된다. 대출 얻어 내 집 마련한 서울, 분당, 판교주민들이 상대적으로 집값 부담이 적은 경강선 광주, 이천, 여주로의 이동에 문제가 없다면 지역적으로 희망, 빛이 될 것이다. 은행이자가 부담되어 집 팔고 광주 등지로 이전을 한다면 가계대출에 관한 부담이 덜 할 것이다. 서울 및 신도시 경매물건이 꾸준히 증가하는 이유가 무엇이겠는가.

경기도 광주가 희망적인 이유 – 판교 및 분당신도시 인구 유입 효과의 극대화를 노릴 수 있기 때문. 탁월한 입지여건과 판교 및 분당 신도시 집값거품으로 말미암아 기대감을 크게 가질만 한 것이다. 김해시의 경우를 보면, 2010년 인구 50만명을 넘어선 이래 해마다 증가세를 보이다 7년만에 53만명을 넘었다. 인구증가 배경은 대도시 부산 및 창원 곁의 우수한 입지를 꼽을 수 있다. 창원과 부산 집값이 김해보다 높은 것 등 주거여건에서 차이가 나는 것도 영향을 미쳤다. 경기도 광주가 김해시처럼 변할 날도 머지 않아 보인다.

요는, 인구유입현상이 일어난다고 해서 집값상승현상이 심하게 일어난다면 큰 문제가 아닐 수 없다. 광주, 이천, 여주가 무주택 서민들에겐 희망의 보금자리 역할을 충분히 할 수 있을 것이다. 집값거품이 들어가지 않는다면 말이다. 역 개발에 따른 집값폭등현상이 일어난다면 지역슬럼화현상이 닥칠지도 모를 일이다. 미분양, 악성미분양(준공후 미분양)현상이 심히 우려된다. 경강선엔 땅 투자자들이 집중 몰린 상태. 상대적으로 집 투자자는 어울리지 않는다. 집 투자는 무리다. 집은 땅과 달리 시세차익 볼 여력이 없지 않은가. 요는, 집값이 착한 상태를 유지할 수 있다면 착한 서민들에겐 경강선의 광주, 이천, 여주는 희망의 도시가 될 것이다. 역세권이라는 명목으로 집값거품이 들어가는 순간, 이 지역엔 희망이 꺾일 수도 있다. 인구증가세가 꺾여 수많은 상업 및 업무시설물들의 공실현상을 우려하지 않을 수 없다. 싱싱한 실수요가치를 장기간 유지할 수 있다면 투자가치 또한 더불어 상승할 것이다.

역세권 투자의 장단점

역세권은 잠재력이 높은 대신 거품현상이 발현한다. 잠재력 크기만큼 큰 것이다. 잠재력과 거품은 정비례한다. 때론 거품은 잠재력을 약화, 악화시키기도 한다. 거래량이 줄어들 수 있어서다. 역세권은 그 범위가 광대할 수록 유리하나, 기대와 달리 작다면 낭패볼 수도 있다. 방향에 따라 격차가 크다. 개발방식에 따라 격차가 벌어진다. 수용대상지에 예민하다. 방향설정이 중요하다. 1차, 2차, 3차 수용과정에 예민하다. 괜찮다 싶은 역세권은, 잠재력이 높아 투자의 욕망이 극대화된다. 역세권 고유의 성질은 잠재성. 경제력이 극대화된다. 개발효과가 크다. 경제성이 높아 개별적으로 기대감이 높다. 역세권 개발 효과는 인근 대도시와의 원활한 교통흐름에 예민하다. 접근성과 현장 감이 덩달아 높아진다. 철도와 도로는 함께 가지 않는가. 전철노선과 버스 및 승용차노선이 함께 달린다. 도로의 모세혈관이 다양하게 펼쳐져 있어 인구유입속도가 철도가 달리는 속도와 정비례한다. 역세권의 경제효과를 기대하는 이유다. 내구력이 강한 역세권은, 고정 및 주거인구, 그리고 산업 및 경제인구가 급증하는 스타일. 다양한 구도의 관광인구(유동인구)도 기대된다. 이동인구가 급증하여 지역발전속도가 전철이동속도와 거반 비슷하다. 신도시나 미니신도시 주변으로 주거시설이 대규모 입성한다. 주거인구 유입규모가 크다 보니 역사건설이 거의 필수사안으로 떠오른다. 서울 중심으로 경제활동을 하는 생산가능인구의 활동영역이 커질 수밖에 없다. 신도시나 미니신도시 형성과 무관한 지역에도 역사건설은 이루어진다. 하나, 출입구는 하나. 역세권을 무색케 하는 대목이다. 간이역 수준에 불과하다면 사태가 심각할 수도 있다. 역세권 투자자의 주의가 필요하다. 차량이동량 대비 사람의 이동량이 부족하다면 문제다. 언밸런스 현상에 주의하라. 역사의 존재가치를 조율하여야 할 터. 인구의 존재와 형태(형식)에 따라 가치가 변한다. 역사 개발형식은 수용, 환지, 절충(혼용)식이지만 위치에 따라, 입지 입장에 따라 의외의 경우 수가 발현하므로 투자자는 개발

방식을 공부하지 않으면 안 된다. 연구분석을 한다. 역세권 개발변수에 대한 공부를 꾸준히 하지 않으면 안 된다. 위치, 방향이 투자의 관건. 선정과정에서 시행착오를 겪는다면 문제다. 문제점을 지적하는 건 전문가이지만 맹점 발견은 투자자 몫이라는 사실을 잊지 말지어다.

투자는 타이밍 싸움. 특히 역사개발지의 경우 더욱더 치열하다. 투자 타이밍의 바른 방도를 모색하는 건 전적으로 개인투자자 몫. 전문가는 조언과 자문 역할이 전부. 그 이상을 바라는 건 무리다. 부동산 투자는 변수가 다양하기 때문이다. 투자의 타이밍이 중요한 이유다. 역시 개발계획 때 돈을 던지는 투자자가 있는 반면, 개발진행 중에 투자하는 경우도 있을 법하다. 택지개발지구에 입성하는 자가 있고 택지조성 중에 들어가는 사람도 있다. 역세권이 형성되기 전에 투자하는 자가 있고 역세권이 형성되는 시점에 들어가는 자가 있다. 투자자가 타이밍을 스스로 잡는다. 정한다. 개발계획 때 들어가면 비교적 소액으로 들어갈 수 있지만 불안한 지경. 현장감이 높지 않아서다. 그러나 개발진행 중에 들어간다면 안정세이지만 거품가격에 크게 노출될 수 있다. 적정가격 역시 투자자 본인이 정한다. 일장일단이 있다. 투자 타이밍은 융통성을 원한다. 바란다. 가격 역시 마찬가지 입장이다. 정한 바 없다. 시기의 변수와 가격변수는 다양하다. 예측할 수 없는 이유다. 개발효과는 기대효과와 절대 동일 할 수 없기 때문이다.

　건강한 역세권과 병든 역세권 기준은 단순한 편이다. 수도권 전철 상황을 보면, 전철역할을 당당히 수행하는 경우가 있는가 하면 그 반대의 경우도 있는 게 현실. 대한민국 전체인구의 절반이 수도권에 집중 몰린 가운데에서도 이 모양인데 지방의 경우는 어떻겠는가. 건강한 역세권과 병든 역세권으로 구분될 수밖에 없는 것이다.

　1. 환경적으로 오염도 낮은 상태. 소음이나 매연(먼지) 등 물리적 오염에 예민하다. 삶의 질이 높은 상태(상업 및 업무공간 대비 녹지공간이 높다 해도 친환경적이지만 주거인구유입이 수월한 구조라면 당연히 삶의 질이 높아질 것이다. 삶의 질이 높다면 사람이 몰리는 법).

　2. 난개발과 무관한 안정적인 모형의 역세권. 공급과잉과 무관한 미분양 및 공실률 낮은 역세권.

　3. 사람이 우선인 곳. 자연이 우선인 곳(불안한 곳. 규제의 온상이라서다).

　4. 잠재력 높은 곳 – 노인인구보다 젊은인구유입이 수월한 구조(하나 장수시대, 노인인구를 무시하는 것은 무모한 짓)

　5. 역 활용도가 높은 곳(역 효과가 인근 도시까지 미치는 경우. 이동인구가

_{급증세다}). 개발효과와 기대효과가 하늘과 땅 차이라면 큰일이다.

6. 실수요자(_{주거 및 고정인구})와 투자자(_{이동인구})가 동시다발적으로 균형적으로 발현하는 곳. 투자자만 들썩이는 곳은 냄비근성이 강한 병든 곳이다. 실수요자가 해당지역의 미래지표일 수 있다. 젊은 실수요자가 급증할 수록 해당지역 지상물 배치구조는 탁월할 것이다. 실수요자가 노인인구로 분포되어 있다면 기대와 다른 방향으로 흐를 수 있다.

7. 지역랜드마크가 존속하나, 그 의미가 퇴색한 경우. 즉 그 활용도가 미약한 지경.

8. 다양한 각도의 지상물, 고정물, 시설물 등에 비해 인구가 다양하지 않은 곳.

역세권 땅 안전하게 투자하는 방법

경강선과 더불어, 서해안복선전철에 투자자들이 몰리는 가운데 역세권 땅에 관한 관심도가 점점 높아지는 판국. 요는, 안전하게 투자하는 방법과 그 기준선을 가지고 어떤 식으로 움직이냐가 관건. 역세권 땅에 입성하기 전에 몇 가지 주의할 사항이 있다.

1. 투자자는 개발에 관한 경제적 효과를 관망하면 안 된다. 관측할 수 있는 능력이 필요하다. 지금은 맨땅에 헤딩하는 시대가 아니

지 않는가. 기존 역사들 중엔 죽어 있는 역사도 존재하는 게 현실이다. 사람 이동이 적어 분위기가 적막하기까지 하다. 과거, 해당지역에 큰 기대감 갖고 투자한 사람들의 실망감은 커질 수밖에 없다. 배신감을 느낄 것이다. 이런 상황에서 지금은, 역시 역사 투자 시 현장감에 예민할 수밖에 없다. 개발계획에 의존한 채 맨땅에 투자하지 않는다.

2. 역의 효과를 제대로 맛 볼 수 있는 모토를 어디서 모색해야 정확할까. 역시 인구형태가 중요하다. 젊은 경제인구의 활동영역을 깊게 점검할 필요 있다. 고용창출효과가 곧 지역경제효과 아니랴. 젊은 곳은 잠재력과 그 위상이 높을 수밖에. 노인인구가 급증하는 오지 속 역사엔 희망의 속삭임을 들을 수 없다.

3. 인구형태와 더불어, 지상물 배치형태도 중요하다. 아파트단지가 제대로 갖추어져 있는지를 점검한다. 공동주택 대신 단독주택만 분포되어 있는 역세권은 잠재력이 낮다. 생산가능인구보다 노인인구가 더 많은 경우가 태반이라서다. 결국, 안전한 역사 투자법은 세 가지로 점철된다. 역 효과를 가늠할 수 있는 능력을 인지해야 하고, 인구 및 지상물 구조를 파악해야 할 것이다. 현장감과 근접성을 보고 개발진행의 성적표를 관망하는 행동은 하지 말아야 할 것이다.

수도권 전철노선만 보면 잠재력에 대한
기대감이 증폭될 터. 서울 및 경기, 인천은 물론이려니와,
강원 및 충청일부지역도 포함된 상황이라서다.
1기 신도시 5곳과 100만 거대도시 3곳의 위상은
세월이 지날수록 존재가치가 높아질 게 분명하다.

● ● ●

부록

역세권투자와
전원시대에 맞는 투자처

01

수도권의 두 가지 강력한 힘

　서울특별시 인구수가 줄면서 경기도 인구의 화력이 거세지고 있는 가운데 여전히 수도권(서울, 인천, 경기지역)의 존재감은 크다. 커지고 있다. 입지현황이 좋은 편이다. 수도권의 두 가지 강력한 힘은, 인구의 힘과 철도의 힘으로 관철, 점철된다. 수도권의 입지현황을 견지하려면, 우선적으로 인구수와 역사의 수, 그리고 인구수와 면적 등을 적극 관찰하지 않으면 안 된다. 31개 경기지자체 중 면적이 가장 넓은 물의 도시 양평의 경우, 역사가 총9개에 이른다. 이는 대자연을 벗삼아 이동하는 유동인구가 꾸준히 증가할 만한 모토일 것이다. 양평의 인구밀도는 낮으나 개발공간은 그리 많지 않다. 지역 모토가 자연보호일 가능성이 높아서다. 인구70만명을 훨씬 육박하는 안산시는 인구밀도가 높지만 외려 인구10만명 정도에 지나지 않는 양평의 역사 수보다 1개가 적다. 안산은 8개 역을 보유하고 있다.

경기지역 3대 100만 거대도시 중 한 곳인 수원의 인구밀도는 높다. 12개 역이 지난다. 전체인구가 70만명을 향해 달려나가고 있는 남양주엔 13개 역이 지나가고 있다. 수원, 남양주엔 신도시의 존재가 치가 높은 지경. 지역위상을 한층 높여준다. 신도시엔 반드시 역사가 형성되지만, 용인과 의정부엔 경전철도 지나간다. 특히 100만 거대도시 중 하나인 용인엔 (경전철 역을 제외하고도) 10개 역이 지나가고 있다. 신도시의 힘은 인구의 힘과 전철노선의 힘으로 이루어진다. 이는 곧 잠재력 표상일 터. 거대도시 이상의 힘을 발산, 발현하는 신도시 인구와 역 수도 상관관계. 분당신도시가 예속되어 있는 성남시 인구는 974,343명(2017. 3현재). 16개 역을 보유 중이다. 일산신도시의 고양시 역시 100만 거대도시 중 하나. 총20개 역이 지난다. 평촌신도시의 안양시 인구는 598,392명(2017. 1. 31현재). 7개 역이 있다. 중동신도시의 부천시 총인구는 870,308명(2016. 3현재). 14개 역이 지난다. 산본신도시 군포시 인구는 283,842명(2017. 3현재). 6개 역이 지난다. 1기 신도시의 총 역사의 수는 63개. 신도시 땅값이 강한 이유다. 전철 통해 강한 존재감을 표출한다.

2020년 개통될 서해안복선전철에도 경기도가 두 곳이 포함되어 있다. 젊은 부자도시 화성 및 평택시가 바로 그곳. 면적이 넓고 인구도 풍족한 곳이 화성인데 화성엔 기존 1개 역(병점역. 서동탄역은 행정구역

경기도 철도 노선도

상 오산시에 포함) 이외에 3개 역이 입성할 예정. 향남신도시의 위상이 높아지고 그 존재감(현장감)에 대한 기대감이 높아질 것이다. 평택에도 1개 역이 들어선다. 기존 역은 총 5개 역. 접근성이 높아질 것이다. 고덕국제신도시의 위상에 날개를 달 것으로 보이기 때문이다. 젊은인구가 급증세인 화성, 평택인구는 각기 649,646명과 479,000명을 기록 중이다.

　　수도권 전철노선만 보면 잠재력에 대한 기대감이 증폭될 터. 서울 및 경기, 인천은 물론이려니와, 강원 및 충청일부지역도 포함된 상황이라서다. 1기 신도시 5곳과 100만 거대도시 3곳의 위상은 세월이 지날수록 존재가치가 높아질 게 분명하다. 도로와 철도의 존재가치가 높아지면서 젊은동력 또한 가일층 강화될 것이기 때문이다. 대한민국 전체인구는 급감세이지만 지방 대비 수도권 중 경기도 인구는 급증세다. 서울인구는 줄고 있지만 인천과 경기도 인구는 늘고 있는 판국. 서울인구와 지방인구의 유입으로 말미암아 늘고 있는 것이다. 강화된 철도망 때문이다. 그러나 서울에서 이동한 경우가 대부분. 대다수를 차지한다. 왜냐, 역시 서울 주거시설가격이 전국 최고수준을 계속 달릴 수밖에 없는 상황이니까. 서울의 서민만 경기도로 이동하는 건 아니다. 서울의 부자들도 이동 중이라서다. 왜? 강남 주택 1채 값으로 경기도 주택 여러 채를 구입할 수 있는 상태이므로. 강남 집 팔아 경기 전원주택 구입해 도시 및 전원생활을 시작하는 것. 나머지 여윳돈은 대자연이라는 거대한 여유공간에 투자, 투여한다. 작금은 건강장수시대 아닌가.

　　수도권 33개 지자체 중 전철라인이 지나지 않는 곳과 지나는 곳의 비율, 비중은 5:28! 수도권의 강한 힘을 느낄 만한 대목이다. 이러한 가운데, 앞서 밝힌 평택, 화성의 위력 또한 무시할 수 없다. 높아질 위상에 기대는 투자자가 지금도 급증세다. 특히 평택은 제주와 더불어, 장기간 대한민국 땅값상승을 주도하는 입장. 입지여건이 좋다. 기존역사의 존속과 신설역세권의 조성이라는 테마가 주요인. 경기지역 인구가 급증세라는 사실은 현실이다. 그 누구도 부인할 수 없는 것이다. 실수요자와 투자자가 모두 급증세라서다. 실수요공간이 가득 채워지는 모습을 목격한 에코세대, 베이비붐세대, 노인인구가 투자자로 전면 나서는 입장이다. 잠재력에 투자하는 모습이다.

02

역세권(명품) 땅투자 10계명

공실률 낮고 미분양 없는 유일한 곳은 역세권과 그 주변일 것이다. 특히 다양한 인구를 보장 받을 수 있는 역세권 주변의 소형부동산의 인기는 최고 수준을 유지할 수 있을 것이다. 역세권이 형성될 만한 소형땅에 수요자가 몰리는 이유다. 만약 역세권 내 부동산의 거래량에 문제점이 생겼다면 그건 십중팔구 거품 때문일 것이다. 시세 대비 훨씬 비싸서 수요자가 착한 가격이 형성될 만한 곳에 집중 몰릴 게 분명하다. 역세권 내 큰 부동산과 작은 부동산 중 작은 부동산의 가격이 비싸다. 높은 수준을 보지한다. 비교 대상이 존재해서다. 실용성과 잠재성, 편익성까지 두루 갖춘 상태다. 수요량이 증가할 수밖에 없다. 공급량의 한계를 드러낸다. 전원주택주변의 역사 땅 가격 역시 비싸다. 양평의 9개 역의 힘은 결코 작을 수 없다. 역사라는 강한 접근성과 대자연이라는 강력한 삶의 편익공간이 함께 작동하는 상황 아니랴.

기독교 십계명 고수 안 하는 개신교신자가 없을 줄 안다. 역시 역사 10계명을 지키지 않는 투자자는 없을 줄 안다. 지키지 않으면 시행착오 겪을 게 뻔하므로.

역세권 땅투자 10계명을 수호하자

1. 환지개발지역에 입성한다. 거리보단 수용여부에 집중(유의)해야 하는 이유다.

2. 인구 따라 입성한다. 다양한 부동산구조에 집중하기보단 다양한 인구구조에 집중한다.

3. 접근성과 위치에 신경 쓴다. 그저 스쳐지나가는 간이역 수준이 아닌 존재감이 확실한, 확정적인 곳을 눈여겨본다. 존재감이 넓은 곳이 역사 자리다. 자기 자리 못 잡고 방황하는 역사가 있으면 안 된다.

4. 수도권지역을 눈여겨 본다. 위치와 변수에 관한 조건에 부합하는 곳이 수도권이므로. 면적 대비 인구밀도가 높다. 지방은 그 반대의 속성을 지녀 잠재성은 수도권에 훨씬 미치지 못한다.

5. 환승역의 조건을 갖춘 곳, 트리플역사 혹은 지역랜드마크 존속 여부를 체크한다. 대기업 역시 지역랜드마크 역할을 단단히 수행할 수 있을 것이다. 대기업의 존재감은 한 지역을 적극 대변하는 입

장이므로.

6. 거품에 주의한다. 작은 거품에 투자한다. 작은 거품은 폭등 가격과 같은 의미를 내포한다. 작은 거품에 들어가는 건 거품 없는 역세권은 존재할 수 없기 때문이다.

7. **작은 땅**(소형땅)**에 주력, 주목한다.** 예) 미분양, 공실 없는 공간은 역세권 내 소형상가용건물이거나 소형아파트일 게 분명하므로.

8. **현장감을 전혀 무시하지 않는다.** 현장답사를 통해 취득한 제육감이 투자의 강한 연유가 될 법하다.

9. **역사 주변 분위기에 익숙하지 않으면 안 된다.** 부동산구조를 그려야 할 것이다. 개발청사진이나 조감도에 익숙하지 않으면 안 된다. 상업 및 업무시설, 그리고 인구이동현황도 체크 대상이다. 땅 투자자는 땅의 잠재력에 관한 풍부한 상상력이 긴요한 지경. 단 불요불급한 상상은 절대 금물이다.

10. **직접역세권과 간접역세권을 애써 구분하지 않는다.** 왜냐, 직접역세권 역량에 따라 자연스럽게 생성, 발현하는 게 간접역세권의 영향력 아닌가. 직접역세권이 미약한 상태라면, 영향력이 기대와 다른 방향으로 간다면 간접역세권은 존재할 수 없는 법. 별 볼일 없다.

역세권 집투자

역세권 땅투자는 사람(인구)에 투자하는 형식을 취하며 희소성과 잠재성 등에도 투자할 수 있다. 선천적으로 평면, 무기체에 투자하는 행태를 취할 수밖에 없기 때문이다. 역세권 집투자는 인위적(후천적 노력) 환경조건(삶의 질)에 투자할 수도 있다. 입체, 공간에 투자하는 형태이므로 편리성, 편익성에 투자하는 스타일이다. 집은 실수요공간이지만, 예외사항이 없는 건 아니다. 이를 테면, 소형아파트나 전원주택의 경우 장기투자종목으로 매력 있기 때문. 실수요가치를 조율하든 투자가치를 조율하든 집 매수 시엔 환경오염도 수치 체크는 필수코스 중 하나. 소음정도 역시 체크 대상이다. 소음 정도가 심하면 환금성이 떨어져 투자가치마저 떨어질 수 있다. 삶의 질적가치에 투자한다는 의식이 다분하므로. 외부적 물리적 사안에 예민할 필요 있다. 인근 조망권(호수, 산 등) 체크는 필수항목 중 하나. 역시 삶의 질에 투자한다. 땅과 달리 집의 경우엔 삶의 질적가치가 높을수록 환금성이 높아져 투자가치도 덩달아 높아질 수 있다. 기대감이 높아질 것이다. 인구의 다양성을 보고 땅투자하는 것과 달리, 집투자는 인구의 질적가치에 지배를 받는다. 집투자 시 인구증가세(양)에 집중하기보단 질에 집중하는 편이 유익할 터. 노숙자나 범죄자 온상의 지역의 삶의 가치가 높다고 볼 수 없기 때문이다. 자살자가 속출하고 이혼족이 급증하는 인근 집들은 투자가치가 낮을 수밖에 없다. 또한 집 인근에 유흥주점이 다량 분포되어 있다면 혐오시설 의미가 강한 법. 안마시술소나 노래방 역시 집주인 입장에서 볼 땐 소음 등에 따른 피해의식이 막심할 터.

집 투자자는 땅 투자자와 달리, 삶의 환경여건을 유심히 지켜볼 필요 있다. 역세권 지역엔 상업 및 업무시설이 집중 몰려 있지만 아파트 등 집합건물들이 몰려 있는 경우엔 매연이나 소음 등에도 일방적으로 지배 받을 만하다. 따라서 역세권이라고해도 집투자 과정 중 필히 알아볼 사안은 총 세 가지로 점철된다. 매연(면지) 및 소음 등의 환경적 상황과 주거시설 면적과 가격수준, 그리고 전용주거지역 중 일부인 중소형 전원주택상황을 관철할 필요 있다.

역세권 소형아파트와 전원주택의 가치가 날로 승화, 높아질 것으로 전망된다. 놀고 있는 전원주택이 급감 할 터이다. 수요량이 증가할 수 있기 때문이다. 수요자 대비 공급자가 적은 편이다. 땅값 역시 그 가치가 날로 급등할 터이니까. 역세권 소형아파트, 소형전원주택, 소형땅의 공급량은 많지 않다. 전체적으로 가격부담감이 낮아서 수요규모가 확대돼서다. 다만 부분적(평당가)으로 경제적 부담감이 큰 사람에겐 투자가치를 조율할 만한 정신적 여유가 부족할 것이다.

03

역세권(명품)지역의 특성

부동산정보가 중요한만큼 부동산의 성질도 중요하다. 특히 역세권만의 특성도 매우 중요하다고 본다. 그 성질을 관찰하고자 한다.

1. 잠재성 – 개발완료 이후의 개발효과도 기대할 수 있어 개발의 끝을 볼 수 없다. 무궁무진한 잠재력을 보려 노력 중이다. 예비지주들이 말이다.

2. 존재성 – 존재가치 크기가 커질수록 잠재가치 역시 극대화 될 터.

3. 유동성, 환금성, 비공정성(차별성)이 한데 아우를 수 있는 지경.

4. 희소성 – 잠재가치와 정비례 관계. 희소성과 잠재성은 천생연분, 끊을 수 없다. 마치 자식과 부모사이인 양 말이다.

5. 개발청사진의 다양화, 다변화, 다양한 변수 발현.

6. 다양한 교통의 연계성.

예) (도로는 철도를 반드시 필요로 하지 않지만) 철도는 도로를 반드시 필요로 할 수밖에 없다. 도로 없는 철도는 유명무실하기 때문이다. 존재가치가 0이다. 실업 상황의 역사는 애초 생기지 말았어야 할 부동산! 왜냐, 외려 지역이미지를 퇴색케 할 수 있으므로. 지역의 역사 위치가 매우 중요한 까닭이리라.

철도 활용도를 높이는 유일한, 최선의 방도가 없는 건 아니다. 인구의 다양성과 도로의 다양성에 집중력을 높이지 않으면 안 된다.

7. 다중성 - 환승역 존속.

다중(멀티)역사의 활용가치는 높을 수밖에 없다. 활용가치가 곧 희소가치 아니랴.

실례) 다양한 단지구도를 그린다. 개발청사진 윤곽을 그린다. 산업단지+관광 및 주거단지 조성과정을 제대로 견지한다. 다양한 인구구조의 형성과정도 무시할 수 없는 사안. 고정인구+유동 및 주거인구 현황도 몹시 중요한 사안이므로.

8. 이중성 - 역사 출입구마다 개성이 상이하다. 출입구 방향, 위치가 다를 테니까. 예를 들어, 가치 높은 출입구가 있는가 하면, 그 반대 여건에 놓인 열악한 환경의 출입구도 없는 건 아니다. 신도시에도 입성, 형성되나, 전원도시 내에도 입성이 가능하다.

역세권의 가장 큰 특징은, 그 누구도 따라올 수 없는 속도감일 것이다. 더불어, 높은 현장감이 뒤따른다면 (환금화 속도가 매우 빠른) 최고의 가치를 구가할 수 있을 것이다.

역세권 부동산의 희소가치가 높은 이유

역세권 부동산의 희소가치가 높은 이유는, 국토 구조가 세 가지로 대별될 수 있는 상황을 계속 유지할 수 있는 힘을 보유했기 때문일 것이다.

범례) 1. 직접역세권 범주.

　　　2. 간접역세권 범주.

　　　3. 비역세권 범주.

1의 희소가치가 부동산에 관한 최고가치를 대변, 구가할 때, 2의 상태는 잠재성에 관한 기대감이 증폭될 터. 3은 미개발공간을 간접적으로 시사+대변한다. 직접적으로 대변할 수 없는 이유는, 광대한 미개발공간 중 개발가능성이 높은 공간이 존재할 수 있기 때문이다. 국토가 희망적인 이유다. 국토가 긍정의 힘을 발현할 수 있다는 것. 개별적으로 연기는 있어도 포기는 없다.

국토의 넓이 순서는 3(비역세권 범주)이 1위요 2(간접역세권범주)는 2위, 1(직접역세권 범주)은 3위일 터. 1은 넓지 않다. 희소가치가 높을 수밖에. 1의 잠재가치가 높은 이유다. 1, 2, 3중 1의 면적이 가장 좁기 때문이다. 당연히 인구밀도수치가 높을 수밖에 없다. 이는 입지가 넓고 크다는 의미다. 입지가 좁아지는 건 절대 아니다. 1의 희소가치가 높은 이유는, 개발을 적극적으로 공격적으로 대변+접근할 수 있는 입장일 수 있기 때문이다.

04

경기도의 잠재력은 다양한 각도의
도로+철도에서 발현!

경기도의 강점 – 편리한 교통

1. 인구증가속도가 전국에서 가장 빠르고 인구의 다양성이 강점.

2. 도로, 철도의 다양성.

경기도가 긍정적이고 희망적인 건 다양성은 또 다른 다양성을 부르기 때문. 마치 긍정이 또 다른 모형의 긍정을 발현 하듯 말이다.

경기도의 발걸음이 점차 빨라지고 있다. 도로와 철도의 힘의 크기가 커지고 있다. 강화되는 통에 투자자들 발걸음과 가슴을 감화 시키고 있다. 계획사업에 기대감이 높다. 물론, 완료지역에도 기대감이 높은 건 당연지사.

1. 인천~김포고속도로(인천 중구와 김포 양촌면을 잇는 29km 규모의 민자 고속도로사업)

수혜지역 – 인천시 중구 신흥동, 경기도 김포시 양촌읍 일대.

차로수 – 4~6차선

주요시설물 – 남청라JCT(인천 서구 원창동), 북청라IC(인천 서구 경서동), 검단IC(인천 서구 오류동), 양곡IC(경기도 김포시 대곶면 율생리), 수참IC(경기도 김포시 통진읍 도사리)

사업효과 – 인천 북부와 김포지역 개발촉진, 서울외곽순환고속도로 및 인천도심지역 교통혼잡완화.

2. 구리~포천고속도로

개요 – 구리시 토평동과 포천시 신북면 50.54km(4~6차로)를 연결하는 민자고속도로로, 2조8723억원의 예산이 투입된다. 이 도로는 구리, 남양주, 의정부, 양주, 포천 등 경기 중북부 5개 지자체를 통과하는 첫 남북연결고속도로로, 2022년 안성까지(71km), 2025년엔 세종시까지(58km) 추가로 연결된다. 서울에서 포천까지 30분 소요되어 기업유치와 관광지 접근성 문제를 해소(해결)할 수 있는 강한 모토가 될 것으로 전망된다.

주요경과지 – 구리~중랑~산곡~민락~포천~옥정~양주

터널 – 4개소

교량 - 100개소

사업효과 - 인근 지역 교통정체 완화 및 물류이용절감.

3. 안양~성남고속도로(20.9km 연장의 민자고속도로사업)

수혜지역 - 경기 안양시 만안구 석수동과 성남시 중원구 여수
동 일대.

차로수 - 4~6차선

주요경과지 - 안양~석수~인덕원~청계~시흥~성남

추진실적 - BTO방식(준공 시 소유권 국가귀속 30년간 운영)

4. 교외선 능곡~의정부(연장36km에 이르는 단선전철사업)

수혜지역 - 경기 고양시 덕양구 토당동, 의정부시 의정부동 일
대.

총사업비 - 8,886억원

5. 대곡~소사복선전철(20km)

수혜지역 - 경기 고양시 덕양구 대장동, 부천시 소사동 일대

2018년 준공예정이며 개발비용은 1조4468억원이 소요된다.

6. 봉담~송산고속도로(18.3km. 화성시 마도면과 봉담읍을 잇는 신규고속
도로사업)

노선 -봉담~팔탄~마도

준공예정 - 2021년

차로수 - 왕복4차로

출입시설 - 남봉담IC, 남비봉IC, 팔탄JCT, 화성IC, 마도IC, 마도JCT

7. 평택~서평택고속도로(서해안고속도로 평택~서평택 10.3km구간의 고속도로확장사업)

수혜지역 - 경기 평택시 포승읍과 청북읍 일대

차로수 - 6~8차로

출입시설 - 평택항 나들목, 서평택나들목, 서평택분기점

교량 - 29개소(1,569미터)

8. 소사~원시복선전철(23.3km)

수혜지역 - 경기 부천시 소사동, 안산시 단원구 원시동

준공예정 - 2018년

노선 - 소사~복사~대야~신천~신현~시흥시장~연성~석수골~선부~화랑~원곡~원시

사업비 - 1조8000억원

9. 평택~부여~익산민자고속도로

수혜지역 - 경기 평택시 포승읍, 전북 익산시 왕궁면 일대

준공예정 - 2022. 12

차로수 - 왕복4~6차로

주요경과지 - 포승~안중~현덕~인주~예산~청양~부여~동익
산~익산

사업연장 - 139.2km(평택~부여간 97.8km, 부여~익산간 41.4km)

10. 인덕원~수원선 인덕원~동탄(35.3km)

수혜지역 - 경기 안양시 동안구 관양동, 오산시 외삼미동

준공예정 - 2019년

사업비 - 2조4474억원

11. 수서~용문선(44.1km)

수혜지역 - 서울시 강남구 수서동, 경기 양평군 용문면 일대

준공예정 - 2020년

총사업비 - 1조4971억원

12. 화도~양평고속도로(경기도 남양주 화도~양평군 옥천을 경유하는
17.6km 규모의 사업)

수혜지역 - 경기 남양주시 화도읍, 양평군 옥천면 일대

준공예정 - 2020.12

차로수 - 4차선

터널 - 6개소(12,102미터)

교량 - 13개소(2,175미터)

13. 서울~문산고속도로사업(BTO방식:준공 시 소유권 국가귀속, 30년간 운영)

수혜지역 – 서울 마포구 상암동, 경기 파주시 문산읍 일대

준공예정 – 2020년

노선 – 서울~고양~파주(총길이 34.7km)

주요경과지 – 고양 현천~화전~행신~화정~식사~파주 운정~ 금촌~월롱~산단~내포

14. 이천 부발~충주~문경단선전철(이천~충주~문경을 잇는 연장 95.8km에 이르는 단선철도사업)

수혜지역 – 경기 여주시 교동, 경북 문경시 문경읍 일대

준공예정 – 2021년

총사업비 – 1조9248억3700만원

주요 추진실적 – 1999.2 국가기간 교통망계획

2002. 7~2003. 6 예비타당성조사

2010.12.21 총사업비 변경(당초 1조7206억에서 1조9248억3700만원으로 증액되었다)

2010. 12. 30 노반실시설계 발주

2011. 3. 21 노반실시설계 계약 및 착수

15. 진접선 당고개~진접(당고개~진접을 잇는 연장 14.8km에 이르는 복선 철도사업)

수혜지역 - 서울시 노원구 상계동, 경기 남양주시 진접읍 일대

준공예정 - 2020년

남양주 진접에서 서울역까지 49분 소요될 전망이며 1조3322억원의 사업비가 투여된다. 노선은, 4호선 종점인 당고개~남양주 별내~오남~진접이다.

추진실적 - 2011.12.30 광역철도 지정고시

2013.10.14 주민의견수렴

16. 여주~원주선(22km)

수혜지역 - 강원도 원주시 학성동, 경기도 여주시 교동 일대

준공예정 - 2023년

수도권 남부와 동해안을 연결하는 '월곶~판교', '여주~원주' 간 동서철도망 철도건설사업이 완성되면 인천에서 강릉까지 1시간50분대에 도달할 수 있다. 동서철도망은 인천 송도역에서 수인선을 타고 월곶까지 이동한 뒤 월곶~판교선, 성남(판교)~여주선, 여주~원주선, 원주~강릉선이 차례로 연결된다. 송도에서 강릉까지 1시간52분 소요된다(시속250km급).

월곶~판교 복선전철건설사업은 시흥시 월곶에서부터 광명,

안양, 과천을 거쳐 성남(판교)을 연결하는 사업으로 총연장 39.4km, 총사업비는 2조1122억원(국고)이 투입된다. 여주~원주단선전철사업은 여주에서 원주간 20.9km에 단선전철을 신설하는 사업. 국고5001억원이 투입된다.

17. 포승~평택간 산업철도

1단계(평택~숙성~미군기지) - 주한미군기지 이전 계획과 연계

2단계(숙성~안중, 8.3km) - 서해선(화양~원시)복선전철 개통과 연계하여 오는 2018년 완공

3단계(안중~포승, 8.1km) - 평택항과 연계해 오는 2019년 완공

05

눈여겨 볼 만한 (신설역사가 입성하는) 지역

경기도 시흥시, 평택시, 충청남도 당진시, 강원도 원주시, 강릉시, 경상북도 문경시, 충청북도 청주시, 전라북도 군산시 일대.

1. 경기도 시흥시(예-하중역, 매화역 일대)

2. 경기도 평택시(예-안중역, 창내역)

3. 충남 당진시(합덕역 일대)

4. 강원 원주시(서원주역)

5. 강원 강릉시(남강릉역)

6. 경북 문경시(문경역)

7. 충북 청주시(북청주역)

8. 전북 군산시(대야역)

평택수준의 인구를 가지고 있는 시흥은 다양한 각도의 철도망

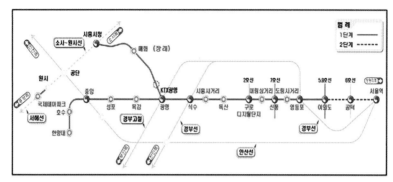

신안산선 노선도

서해선 복선 104 정거장(합덕 정거장) 충남 당진 위치

이 접근도를 높일 수 있어 잠재가치를 눈여겨 볼만한 곳이다. 소사~
원시선과 여의도와 안산을 연계하는 신안산선, 그리고 월곶~판교간,
시흥~광명선 등 철도망 구축이 단단히 잡혀 있다. 계획이 끝나는 오
는 2023년의 시흥인구는 지금의 두 배 이상 급증할 것으로 내다보인

평택 안중역 조감도

다. 교통의 흐름도가 좋아지다 보니 산업단지로의 접근도 역시 높아
질 것이다. 오는 2019년 완공예정인 시흥매화산단은 총2,699억원을
들여 113,769평 규모로 개발한다.

    시흥 하중역 매화역 일대의 상황 – 소사~원시선 복선전철은 부
천 소사에서 시흥시 대야, 신천, 신현, 하중, 시흥시청, 연성을 거쳐
안산 원시까지 연결하는 노선으로 오는 2018년 2월 준공예정이다. 시
흥시청에서 매화를 거쳐 여의도와 안산에서 목감을 거쳐 여의도로 이
어지는 신안산선은 2017년 말에 착공하여 오는 2023년 완공예정이
다. 시는 현재 변경검토 중인 신안선 매화역과의 연결노선을 통해 수

도권 남부 동서방향의 단절고리연결을 통한 인천, 시흥시지역주민들의 KTX광명역 접근성을 개선할 수 있을 것이다. 특히 매화역 신설을 통해 매화산단 및 배후단지개발을 촉진할 수 있으며, 신안산선 노선의 일부를 공유함으로써 건설비 감축과 수요극대화에 유리할 터.

평택 안중역 창내역 일대 현황 - 창내역은 경기도 평택시 오성면 창내리 일대에 위치한 평택선의 역으로 미군기지 인입선이 이 역사에서 분기된다. 평택 포승~평택선 창내역은 오는 2020년 개통예정이다.

포승~평택 철도건설

내역 - 아산만 포승~평택간 30km단선철도건설.

개발기간 - 2007~2020

개발비용 - 6410억원

개발효과 - 평택항과 배후공간 물동량 처리 및 미군기지 군수물건 수송용이.

안중역은 향남역이나 송산역과 비교해 자연녹지지역으로 구성되어 있는 곳이다. 인광리, 송담리, 현화리 등 택지개발지구 외의 땅이 시가화용지로 지정될 가능성이 높다(화양지구, 현화지구, 송담 및 인광지구 일대). 도시기본계획이 나온 상태다.

서해안복선전철 합덕역이 완성되면 당진시는 국제항만인 당진

서해선 복선전철 노선도

송산
화성시청
향남
안중
인주
합덕
홍성
(장항선 홍성역 활용)
남도청
신도시
경기
경부선
경부고속도로
천안
장항선

항과 서해안고속도로 및 당진~대전간 고속도로에 이어 철도까지 이용을 확대할 수 있어 당진시 인구가 급증할 것으로 예상된다. 서해안 물류 거점도시로 급부상할 것으로 보인다. 합덕역은 단순한 철도역이 아닌, GTX급. 서해안 복선전철, 당진~대산간 산업

서원주역 조감도

관광철도, 당진~안흥간 산업철도의 3개 노선이 합쳐지는 트리플역세권, 대규모 다중역사로 개발될 것이다. 서해안고속도로 당진IC, 송악IC에서 15분 거리다. 대전~당진간 고속도로 고덕IC에서는 5분 거리다.

서원주역개발에 관한 기대감이 증폭되는 연유

1. 영동고속도로 확장

2. 중앙고속도로존속

3. 제2영동고속도로개통

4. 원주~강릉간 고속철도존속(서원주~만종~횡성~둔내~평창~진부~대관령~남강릉~강릉)

5. 경강선 여주~서원주역연장 등 원주를 통해 강릉에 갈 수 있

제2영동고속도로

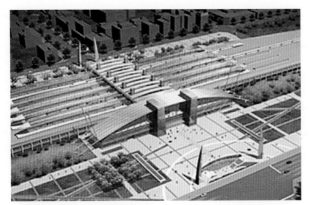

남강릉역 조감도

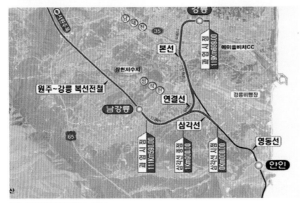

원주 강릉복선 전철 노선도

는 도로 구조 확보, 교통의 요충지다. 서원주역 북측으로 지정면 일대에 들어서는 기업도시 영향력도 지배적(일 것)이다.

월곶~판교, 판교~여주, 여주~원주, 원주~강릉(강한 지역 연계 및 연결고리)

원주시는 서원주역 역사개발지역과 인근 기업도시를 연계해 약900만 제곱미터부지에 관광시설 건설을 계획 중이다.

남강릉역 일대 – 원

문경역

주~강릉간 복선전철이 완성되면 인천공항을 출발해 서울과 원주를 거쳐 남강릉역까지 달릴 수 있다. 노선연장의 변수도 겹친 지경. 당초 종착역이던 남강릉역에서 기존 강릉역까지 9.8km를 더 잇고 강릉역에도 새로 KTX역으로 만들기로 한 것. 4100억원의 예산이 더 증액되었다. 이로써 원주~강릉철도에 투여되는 개발비용은 총 3조8400억원으로 늘었다.

문경역 – 문경시의 랜드마크 중 하나는 문경세재일 터. 유명세를 탄다. 문경을 찾는 관광객 수는 한해 600만명. 관광객의 유일한 교통수단은 버스나 자가용이지만, 중부내륙철도가 건설되면 관광객 등 유동인구 접근이 수월해져 관광객 수가 지금보다 배가가 될 게 분명하다. 중부내륙철도는 시속200km로 달린다. 수도권을 1시간에 접근할 수 있는 수준이다. 서울 강남에서는 1시간30분에 문경에 다다를 수 있다. 중부내륙철도 문경역은 서울~이천~충주~문경~김천~진주

대야역

~거제까지 이어지는 곳의 정중앙에 위치해 있어 노선의 관문 역할을 톡톡히 할 수 있을 것이다.

　　북청주역(충북선) – 거반 철도이용과 상관이 없었던 청주시에 도심에서 15분 거리에 위치한 북청주역이 신설된다. 천안~청주공항 복선전철건설사업의 일환으로 진행되는 이 사업은 충북선 청주역과 오근장역 사이에 북청주역이 들어선다는 것. 현재 청주시내에서 청주역까지 가려면 40분 소요되는데 북청주역의 신설로 도심지 기준 15분이면 당도할 수 있다. 북청주역은 총연장 56.1km. 사업비는 7859억 원이 투입된다. 청주공항역은 공항여객터미널 앞쪽 주차장 근접지역 200미터 지점으로 이전해 청주공항역사를 신축한다. 청주는 철도 비친화적 도시에서 철도 친화적 도시로 탈바꿈해 수도권 전철이용 가능도서가 될 수 있을 것이다. 북청주역에서 서울, 부산(경부고속철도), 광주, 목포(호남고속철도), 서해안(충청권철도), 충주, 제천, 강원(충북선) 철도이용이 가능해진다. 도는, 2019년 천안~청주공항 복선전철건설완료와 동시에 북청주역이 무난히 개통할 수 있도록 '북청주역 설치 종합계획' 수립에 만전을 기하겠다는 입장이다.

대야역 지경 – 새만금 일번지 군산시 대야역의 존재가치를 정밀하게 조율할 때다.

1. 군장산업단지의 물량 및 여객수송의 극대화+효율화

2. 신장항선의 복선화, 고속화, 직선화

3. 신장항선과 익산~대야철도의 환승역 효과

신장항선이 복선화되면서 기존 군산역이 이설되어 신군산역이 새로 생긴다. 그 중심에 환승역사인 대야역이 개통되는 것이다.

시흥으로 큰 돈 몰린다

뭉칫돈이 시흥으로 대거 몰리는 이유는 호재가 만발해서다.

시흥시청역이 조성되는 장현동 일대 토지는 거반 완판!

그 외 주요 역세권 토지도 지주들 영향력이 커지는 추세다.

시흥의 주요 호잿거리(화젯거리)

1. 부채 제로

한때 지방재정 위기까지 몰렸던 시흥시가 성공적인 배곧신도시 개발사업으로 채무를 전량 상환한 상황

2. 그린벨트 해제

전체면적의 64%가 그린벨트인 시흥은 2017년 현재, 약 30만 제곱미터 규모의 그린벨트를 정부 승인 없이 도지사 판단 하에 해제가 가능해지면서 개발가능성이 증폭되는 판국이다.

해제절차에 돌입하면서 도시지역 그린벨트 땅이 강력한 투자 유망처로 떠오르고 있다.

3. 서울대 시흥캠퍼스 조성

지난 2016년 8월 서울대는 배곧신도시 내 서울대 시흥캠퍼스 조성을 위한 실시협약을 확정했고 시흥시로부터 4500억원의 기금과 66만제곱미터 부지를 무상으로 제공 받았다.

서울대는 시흥캠퍼스를 글로벌캠퍼스이자 4차 산업혁명을 대비한 첨단산업클러스터로 조성할 예정이다. 이는 배곧신도시가 수도

권 교육중심도시로 거듭날 수 있는 강한 모토가 될 것이다.

4. 대규모 택지개발

시흥에는 4곳의 택지개발이 진행되고 있다.

정왕동 권역인 배곧신도시, 안양, 광명시와 인접한 목감지구, 지리적으로 시흥의 중심부인 장현지구, 그리고 인천, 부천, 광명과 연결되는 은계지구가 바로 그곳.

5. 인구증가세

투자가치가 높다면 당연히 인구가 증가할 것이다.

소비인구가 늘어 지역발전에 큰 영향을 미칠 게 분명하다.

시흥은 2015년 4월 이후로 인구가 꾸준히 증가하고 있다.

오는 2018년 50만 명을 넘어 2020년에 70만 명을 웃돌 것으로 전망된다.

6. 국가산업단지조성

시흥시 매화동, 도창동 일대 37만6026제곱미터에 조성되는 매화산업단지는 오는 2019년 완공된다.

2조5000억원 이상의 경제가치를 기대한다. 고용창출효과 역

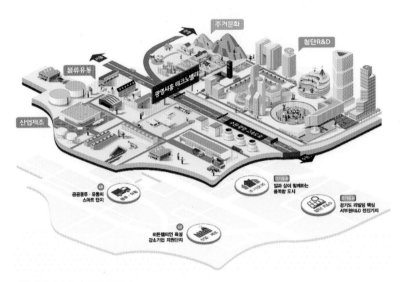

시흥 시화멀티테크노밸리 조감도

시 높다. 1만600명을 예상하고 있다.

　　인근 광명, 시흥 특별관리지역에는 판교 버금가는 광명시흥테크노밸리가 들어선다.

　　205만7천제곱미터 부지에 1조7524억원이 투입된다(산업제조단지, 물류유통단지, 주거단지조성).

　　배곧신도시 밑으로는 시화멀티테크노밸리가 조성된다.

　　시흥시와 안산시 일대에 조성되는 시화멀티테크노밸리는 시화호 북측 간석지에 조성 중인 첨단벤처산업과 상업, 업무, 주거가 어우

러진 첨단복합도시로의 면모를 과시할 터.

경제효과는 9조원 이상을 예상한다.

7. 교통호재

시흥시는 수도권의 서남부, 서울시 경계로부터 반경 10km 지점에 위치하여 인천, 부천, 광명 등과 접한 최적의 입지를 자랑한다.

부족한 철도망과 도로망이 채워진다.

시흥은 기존 노선을 포함, 오는 2024년까지 총9개의 고속도로와 5개의 전철망이 형성된다.

특히 최근 개통된 강남순환고속도로를 이용하면 강남까지 30분대 진입이 가능하다.

소사~원시선(2018년 개통예정)과 신안산선(2017년 착공예정), 월곶~판교선(2019년 착공예정)까지 개통될 경우 여의도, 신도림, 판교 등에서 시흥시청까지 각각 20분대 진입이 가능하다.

8. 복합쇼핑몰 조성

오는 2018년 상반기에 오픈할 신세계 프리미엄 아웃렛은 배곧 신도시 내 부지 약 14만5000제곱미터 부지에 조성된다.

9. 계속되는 개발호재

배곧신도시에는 대우조성해양이 총5만 제곱미터 규모의 특별계획구역에 조성해양산업발전을 위한 산학협력단지가 조성된다. 시흥시 정왕동 토취장 일원엔 2023년까지 1조1100억원 들여 미래형 첨단자동차클러스터가 조성된다.

평택이 뜨고 있다

2020년 100만 거대도시 탄생을 예고하고 있는 대한민국 최고 투자처 평택은, 젊다.

젊어지고 있다.

평택의 이슈거리는 다양하다.

총100조원이 투여되는 삼성전자 고덕반도체사업장(120만평, 수원 사업장의 2.4배 규모) 건립으로 직간접적으로 15만명의 고용인구가 창출될 터.

더불어 진위산업단지 내 위치한 LG디지털파크(60만평) 증설에 60조원이 투입된다.

그리고 495만평 규모의 미군부대가 이전한다.

삼성전자 평택 고덕반도체사업장 건설 현장

그에 따른 이해관계인 등 이동 인구가 약 10만 명.

인구가 증가한다.

국내 최대 규모의 포승국가산업단지(208만평)엔 2만명 규모의 고용인구가 근무하고 있다.

제2포승국가산업단지가 추가로 조성하여 상주인구가 약6만명에 육박할 터.

80만평의 안중역세권 개발 또한 호재. 그 화력이 만만치 않다.

현화지구(28만평), 청북지구(61만평) 등은 상업지가 평당 2천 만원을 호가한다.

서해선이 완성되는 오는 2002년 즈음, 그 가치는 더 높아질 게 분명하다.

06

역세권 투자지역과 전원주택 투자지역

　　투자자가 두 가지 선택할 수 있는 길은 바로 도시화 과정에 접어들 만한 곳과 자연(으로)의 투자일 것이다. 전자가 단기투자처라면 후자는 반대 지경일 터. 그렇지만 후자를 전면 무시할 건 아니다. 기대수명이 넓어지는 판국이라 하는 말이다. 유병장수하기보단 무병장수해야 되지 않는가. 기대수명 대비 건강수명은 그다지 높지 않아 문제다. 거의 10년의 차이가 난다. 그 폭을 전면적으로 대폭 줄이기 위해선 부동산 선택에 보다 신중을 기할 필요 있다. 건강한 삶을 맘껏 누리기 위해선 건강한 부동산과 접하지 않으면 안 될 것이다. 명품부동산주인은 반드시 명품부동산을 접하기 마련이다. 조우한다. 부동산에 관한 이데올로기가 서로 잘 맞아야 할 것이다. 명품은 명품을 수시로 스스로 인정할 수 있으리라. 명품은 명품을 알아 볼 수 있다. 유유상종이라는 말이 있지 않은가. 부자는 부자를 만나지, 빈자를 만날 필요성을 못 느낀다. 과시 예비 명품부자들이 산책할 만한 부동산의 명제는 무엇일까.

땅 투자자 대부분은 역세권이 멋지게 펼쳐질 만한 곳의 토지에 손 댈 수 있으리라. 최소의 노력으로 큰 효과를 맞을 수 있다는 기대감이 클 터이니까. 그러나 역세권 투자지역에 단점이 없는 건 아니다. 희소가치와 더불어 가격수위가 높다는 점이 문제일 것이다. 상황에 따라 강점일 수 있지만 단점도 될 수 있다. 투자처가 많지 않다. 다양할 수 없다. 단점을 간파할 필요 있다. 전철노선을 정확하게 인지한 후 들어가지 않으면 간이역 수준에 평생 머물 수 있기 때문이다. 전원주택 역시 투자가치를 포기할 건 아니다. 시대가 많이 변했기 때문이다. 전원주택(전원생활)투자의 강점은, 투자처가 광범위하다는 것. 역세권 성질과 정반대. 단점은 희소성이 낮다는 점. 국토 대부분에 포진된 지경이라서다. 질적으로 보면 역사와 비교해 낮을 수 있지만 장기적으로 본다면 역사 형성지역보다 잠재력 크기와 그 폭에선 좀더 큰 가치를 형성할 지도 모를 일. 잠재력 예상이 힘들다. 인간이 대자연의 힘을 정확히, 정밀히 조율+예측하기란 쉽지 않다. 투자처가 광범위한 건 전원생활(=대형 정원생활)은 오지공간에서 가능해서다. 오지공간은 비오지공간(완성도 높은 부동산 공간)보다 훨씬 많다. 광대한 것이다. 오지가 곧 자연공간 아닌가. 산과 물이 많은 국토 사정상 전원주택(전원생활) 투자야 말로 선택의 권한 폭이 다양한 법. 투자자가 바른 길을 걷는다면 쉽게 실패할 수 없을 것이다.

전원주택의 특징 – 서울 안엔 존속할 수 없다. 서울특별시 전역은 100% 도시지역으로 구성된 상황이므로. 비도시지역 자체가 없는 상태다(전원주택의 가치는 역세권 가치와 다르다. 역사는 다양한 인구구도에 지배를 받지만 전원주택 투자가치는 당당한 대자연의 구도와 그 변화에 지배를 받는다). 개발형태가 전적으로 재개발이나 리모델링 수준. 이 수준에서 크게 벗어날 수 없다. 다만, 인구의 변형이나 인구의 질적가치에 따라 부동산가격이 변하는 것이다. 도시지역으로만 형성된 상황이라 돈 놓고 돈 버는 형식을 유지한다. 보지한다. 도시가 새로운 형태의 도시공간을 분출한다. 서울특별시 안에 신도시가 형성된다. 위례신도시나 마곡신도시가 그 대표적 사례 아니랴. 인기 높다. 투자가치가 높아서 일 것이다. 하나 서울엔 개발할 공간이 없다. 개발예정지가 부족한 상태다. 인구밀도가 전국 최고 수준이다. 가격 또한 전국 최고 수준. 그러나 삶의 질적 가치가 전국 최고는 아니다. 서울 내에서의 개발은, 용도변경을 통한 개발이 유일한 개발 통로인 법. 서울 내에서 자연을 개발하는 건 무리다. 보전녹지지역 대신 자연녹지지역을 개발하거나 일반상업지역이나 준주거지역을 업데이트를 하여 중심상업지역으로 변형하려 노력한다. 결과와 상관 없이 애쓴다. 강북지역 빈 공간에 주거 및 업무시설이 입성할 때 강남 빈 땅에선 마천루 건설에 박차를 가한다. 용도변경을 통한 새로운 개발인 법. 키 작은 부동산을 기골이 장대한 부동산으로 전격 바꾸는 개혁을 단행한다. 강북지역엔 전원형빌라 등 작은 공동주택이 형성될 수 있지만 강남엔 불가능한 지경. 강남북 입지 차이다. 가격차와 더불어 말이다.

전원주택의 강점 – 서울 외 전역에, 전국토에 산재해 있다. 접근성과 환경여건에 따라 투자가치의 차이가 심하다. 크다. 가격이 싼 편이다. 가격이 다양해서다. '자유'가 모토다.

역세권 투자의 특징 – 가격이 비싸다. 가격이 다양할 수 없다. 자유롭지 않다. 틀에 갇힌 상태라서다.

전원주택에, 전원생활에 투자하는 도시인 출신의 전원인구(귀촌인구)가 반드시 매일 해야 할 일 – 전원일기 기록하는 것. 이는 마치 오너드라이버가 차계부를 기록하는 양 부동산 투자자가 부계부(부동산 상황 메모)를 기록하는 양 반드시 기록해야 할 사안으로 개별적 사명과도 같다. 시행착오를 점차 줄여나가기 위한 개인적 노력이리라. 전원생활을 통한 삶의 질적가치가 높아진다면 반드시 찾아올 행운은 바로 투자가치의 극대화일 것이다. 삶의 가치가 높아지면 당연히 인구가 급증할 것이다. 전원생활의 가치가 높아져 투자종목으로도 충분히 각광받을 것이리라. 역세권 투자가치가 높은 만큼 전원주택 투자가치도 점차 높아질 게 분명하다. 미래가 밝다. 삶의 질과 관련 있기 때문이다. 역세권 인근의 녹지공간도 눈여겨 보는 시대. 역세권도 삶의 질과 관련 있기 때문이다. 결국, 역세권 투자와 전원주택 투자와 전혀 무관한 건 아니라는 것. 전원주택 인근에 많은 역사를 보유한 물의 도시 양평이 그 좋은 실례라 하겠다. 무려 9개 역이 양평의 존재가치를 높인다. 인간의 전원생활에 최적지다.

역사부지와 전원주택부지

작금은 역세권 남발시대요 전원 및 귀농+무병장수시대. 역사부지와 전원주택부지(예−건부지)가 남발하는 이유다. 역사위치와 가치, 그리고 전원주택 위치와 가치에 집중해야 하는 이유다. 역사부지와 전원주택부지는 큰 편차를 드러낸다. 전자는 큰 도로를 필요로 하고 획지 개념을 가지고 있지만 후자는 작은 도로를 필요로 하는 필지 개념을 띠고 있기 때문이다. 역사부지는 국가적 의미를 가지고 있어 투자자에게 맞은 땅이다. 전원주택부지는 개별적 의미를 담고 있어 실수요자에게 맞는 부동산이다. 중요한 건 역사부지에 투자하는 과정. 역사규모가 크다고, 화려하다고 성공한, 성숙한 역세권이 아니라는 것이다. 화려하다고 반드시 사치스런 것은 아니나, 가치에 관한 색다른 연구를 하지 않으면 안 되는 것이다. 가치는 가격과 다르다. 서로

정비례하지 않는 경우의 수도 발생할 수 있기 때문. 화려함과 사치스
럼 역시 다르다.

역세권의 특징

불편함을 편안함으로 바꿀 수 있는 힘을 지녔고, 장점의 수보
다 단점 수가 적은 편. 편하기 때문이다. 불편하지 않다. 관리비용만
내면 편하다(예-역세권 내 아파트). 모든 걸 해결할 수 있는 공간이 아파트
다. 반면, 전원주택의 특징은 불편하다는 것이다. 도시의 편안함을 포
기하고 불편한 자연생활을 선택한다. 편안하지 않은 대신 평온한 것
이 큰 특징이다. 장점의 수보다 단점 수가 더 많을 수도 있다. 자연재
해 등 물리적 요인이 수시로 발생할 수 있기 때문이다. 모든 문제점을
스스로 해결해야 한다. 자급자족 할 수 있는 노력이 긴요.

역세권에 투자하는 행위는 경제가치에 투자하는 행위. 그러나
전원주택 투자는 자연의 이치에 투자하는 과감한 행동이다.

07

전원주택부지 매입 체크리스트

1. 도로보다 지형이 높고 전망이 트인 땅을 골라라. 푹 꺼진 땅은 건축행위를 할 수 없을 뿐 아니라 설령 건축이 가능해도 추후 자연재해에 쉽게 노출될 수 있다.

2. 주변에 혐오시설이 없는지 확인한다. 양계장이나 대규모 축사가 있는지 사전에 살펴봐야 한다. 전원주택은 실거주가 주된 목적이므로 환경이 무엇보다 중요하다. 환금성 높은 전원주택은 주변환경이 탁월하다.

3. 뒷산의 경사도가 완만한 곳을 선택하라. 산세가 험하면 산사태 발생 확률이 높다. 특히 해발 200미터 이상에 짓는 전원주택의 경우 산사태 대비에 각별이 신경 써야 한다.

4. 지적도에 도로가 있는 땅을 골라라. 전원주택 건축허가가 났다고 무조건 좋은 땅은 아니다. 지적도상 진입도로 유무도 살필 덕목.

5. 지하수 개발과 전기 사용이 쉬운 땅을 골라라. 기반시설을 수월하게 조성하려면 물과 전기를 끌어다 쓰는데 용이해야 한다. 다만 호수 주변은 피하는 게 좋다. 홍수 등 자연재해에 노출될 위험이 있기 때문이다. 가로등과 전신주 상태도 점검 대상이다. 가로등이 없다면 문제가 있는 곳이다.

6. 허허벌판에 홀로 떨어져 있는 땅은 피하라. 아무리 빼어난 건축양식의 전원주택이라도 외딴곳에 홀로 떨어져 있으면 보안이 취약할 수밖에 없다. 인가가 드문 곳엔 여지없이 폐가가 형성돼 있게 마련이므로 주변에 버려진 집이 없는지도 꼼꼼하게 살펴야 한다. 물론 민가가 많다고 다 좋은 건 아니다. 경제활동인구가 사느냐, 아니면 비경제활동인구만 사느냐에 따라 전원주택의 현재가치와 미래가치가 달라질 것이다.

08

전원주택 투자 시 주의사항(전원주택 투자 10계명)

1. 장기투자종목으로 인식하라. 땅과 비슷한 관점으로 관철해야 하므로.

자연+주택(전원주택), 도시+주택(단독주택)

단독주택과 달리 전원주택은 삶의 질적가치에 투자하는 형식을 취하므로 실수요 성격이 강해 장기투자종목으로 여기면 맘 편할 터. 자연에 투자한다. 전원주택 주변은 힐링 및 웰빙공간인 것.

2. 접근성 높은 곳에 진입하되 반드시 물리적으로 오염도에 유의하지 않으면 안 된다. 환경오염도가 낮은 곳에 들어간다. 그러나 두 가지 모두를 가질 수는 없는 법. 접근성 높은 오염도 낮은 곳은 존재할 수 없기 때문이다. 현장감에 지배 받지 말아야하고 인구의 다양성에 신경 쓰지 말아야 한다. 삶의 질적가치를 현장감과 인구형성도로 평가할 수 없는 처지이므로.

3. **규제**(예. 물보호와 산보호. 상수원보호구역, 보전산지 등)**를 두려움의 대상으로 여기지 말라.** 규제는 자연보호의 다른 말이므로 공포의 대상이 아니다. 전원주택은 작은 부동산이다. 앞으로 작은 부동산을 대표할 것이다. 자연을 필요로 하는 사람들이 늘고 자연을 잃은 전원주택은 전원주택이 아니므로. 건폐율과 용적률이 낮을 뿐 존재가치는 낮지 않을 것이다. 1, 2종 전용주거지역이지만 자연에 미치는 영향력이 작지 않다. 큰 부동산처럼 용도에 승부수를 던지는 게 아니라, 자연의 가치에 승부를 던지는 것이다. 즉 부동산 자체에 승패가 달린 게 아니라, 자연의 질적가치가 지배하는 형식을 취한다.

4. **수도권 전원주택과 비수도권의 전원주택의 특징을 함께 견지하라.** 수도권의 경우, 접근성과 현장감이 탁월한 대신 가격거품수위와 환경오염도가 높다는 결점을 지녔다. 비수도권의 경우는, 접근도와 현장감은 낮으나, 환경오염도가 낮아 높은 삶의 질을 누릴 만한 위치에 있는 것이다. 수도권은 인구의 다양성을 앞세우지만 비수도권은 자연구도의 다양성을 내세운다.

5. **전원주택 입주**(입성) **전, 자연을 치밀하게 기획+공부한다.** 야생동식물의 특징을 알아본다. 계절 따라 달라지는 나물(다양한 약초를 포함한)의 종류와 특성을 공부한다. 자연의 입장이나 인간의 입장이나, 그 입지는 거의 비슷하다고 본다. 입지, 존재가치를 동일하게 본다.

도시생활은 인간들로부터 지혜와 정보를 습득할 수 있지만 전원생활은 대자연의 큰 공간을 통해 삶의 방식과 방향, 철학을 배운다. 익힌다.

6. 단독주택위치는 전원주택위치와 상반된 지경. 단독주택은 주거인구 중심으로 형성되지만 전원주택은 유동인구 중심으로 형성되므로. 주거인구가 급증한다면 단독주택 모형에 근접한 것. 전원주택의 특징이 사멸할 수도 있어 주거인구에 일방적으로 지배 당하면 안되겠다. 자연의 가치와 사람의 가치의 비율에 따라 전원생활의 가치가 상이할 수밖에 없다.

7. 물리적인 힘 – 산사태와 물난리 등 각종 자연재해에 주의해야 한다. 배산임수에도 주의해야 할 터. 풍광에 매료되기에 앞서 안전도 검증절차를 스스로 수시로 밟아야 할 것이다.

정신적인 힘 – 정신적인 안정이 긴요. 삶의 질을 높이는 데 집중한다.

물질적(경제적)인 힘 – 자연의 이치와 섭리를 수용, 인정한다. 욕심의 크기를 줄이는 게 해답.

행정적인 힘 – 자연보호가 인간보호보다 앞선 지경. 인간이 자연의 힘을 임차하는 입장이므로 규제 범주를 고수하여야 할 터. 반칙하면 자연이 화를 낼 수 있다.

8. 섬 안의 전원주택의 가치도 조율 대상. 잠재력 크기가 크나, 추상적 이미지에서 크게 벗어날 수 없는 상황이다. 희소성보단 희귀함에 더 크게 매료되는 게 섬과의 전원생활일 터.

9. 전원주택 투자자는 전원주택의 다양성을 인정해야 한다. 이를 테면, 전원형 아파트, 전원형 빌라나 전원형 원룸 등을 용인한다. 주로 지방에 존속할 수 있으나 수도권지역에도 적잖게 발견되는 상황. 전원주택의 (다양성의) 존재가치는, 지방의 전원주택가치를 무시할 필요 없는 연유. 그러나 전원형 공장은 존재할 수 없다. 높은 공장오염도 때문에 전원의 향기를 잃어버려 자연의 가치가 한꺼번에 사멸된다. 자연의 가치가 전원의 가치 아니랴.

10. 전원주택과 단독주택의 차이점을 계속 견지한다. 변질된 전원주택은 전원의 이미지가 퇴색할 수 있으므로.

시골에 설정 – 전원주택

도시와 시골에 설정 – 단독주택

현재, 단독주택 수가 전원주택 수보다 훨씬 많지만 장차 전원주택 수가 단독주택 수량을 압도할 것으로 내다보인다. 구옥 부셔 수익형부동산(예–도시형생활주택)을 건축하는 사례가 급증해서다. 구옥이 집중 몰려 있는 곳 대부분은 자연과 근접한 곳에 위치해 있어 전원의 향기를 수시로 맡을 수 있는 환경을 보지하고 있다. 주변에 광활한 공원과 산책길, 그리고 넓은 그린벨트가 포진하고 있어 입지가 어차피 전원의 모태가 되는 것이다.

전원주택의 특징 – 환금화 속도는 느리나, 동산화 빈도는 높은 편이다. 이를 테면 인기 높은 전원주택은 고공행진 중이다. 사람이 집중적으로 몰리기 십상인 상황. 특히 경기도 양평은 오랜동안 전원주택1번지로 각광 받는 곳으로 물의 도시를 대표하는 국내 최고 수준의 전원주택 가치를 보유하고 있다. 자연과 생명을 소중히 다루는 입장에 놓인 생명력 강한 곳이 양평인 것이다.

전원주택 및 전원생활의 강점 – 정신건강과 육체의 건강을 통솔하는 입지를 가지고 있다. 인간의 건강을 책임질 수 있는 여건이 조성되어 있고 그 유지력이 높다. 반면, 약점으로 꼽힌 점은, 전원생활 초반에 사람과의 조율 내지 교류 대신 자연들(물, 산, 야생동식물 등)과의 커뮤니케이션이 원활하지 못하다는 것이다. 그 통에 깊은 우울감(우울병)에 빠질 수 있다. 자연 앞에 겸손하되 우월감(자신감) 가질 정도의 자연 앞에서의 당당한 삶을 영위하는 게 건강 유지에 좋을 듯 싶다. 현장감과 접근성이 낮지만 삶의 질은 높은 편이다. 도시의 질과 비교 대상이 아니다. 자연의 각양각색의 질적가치들과의 대화로 모든 이미지를 해결하는 입장 아닌가. 환경적응기간이 개인에 따라 여러가지겠지만 여하튼 적응기가 문제다. 전원의 적응에 전량 에너지를 소모하여야 할 것이다.

에코세대와 베이비붐세대의 세력들이 그 처지와 몸집이 커지는 상황. 전원생활과 도시생활(실수요와 투자가치)을 함께 원하는 경우가 늘고 있는 판국. 에코세대와 베이비붐세대의 경기도로의 이동빈도, 속도가 대단하다. 그 이유는 미리미리 전원생활에 정착하겠다는 강한 의지의 표현 아니겠는가. 서울에서의 희망 찾기가 만만치 않은 모양새. 도시와 시골생활로 완성도 높은 인생경지를 원한다. 만약, 도시의 일부와 전원의 일부를 스스로 정립할 수 있는 정신적 여유를 함유한다면 이보다 더 좋은 게 또 어디 있겠는가. 일거양득이다. 하나를 통해 둘을, 아니 둘 이상을 취하는 것이다. 도시의 높은 접근성과 힐링 공간인 시골의 장점을 통해 삶의 질을 끌어올리기 위해 경기도를 선택한다. 서울의 집값거품 대신 자연의 이치를 손수 목격하고자 노력 중이다. 전원주택 구입과정은 바로 자연의 일부, 자연의 이치를 구입하는 과정이라는 사실을, 현실을 스스로 깨닫고 있을 때 비로소 대자연의 주인, 전원생활의 당당한 주인 반열에 입성할 수 있으리라 본다. 자격이 주어지는 것이다.

아파트와 전원주택의 차이 – 아파트는 돈 냄새 맡을 수 있지만 전원주택에선 전원의 향기가 풍부하다. 중요한 점은, 돈은 항시 부족하다는 느낌을 가질 수 있지만 자연과 전원은 늘 남아돈다는 것이다.

풍족하다. 이 점이 바로 아파트와 전원주택의 큰 차이가 아닐까 싶다. 이런 차이점을 느끼지 못한 채 전원생활에 들어가면 환경적응기간이 아주 길어질 것이다.

왜 경기지역 전원주택을 선택하는가?

700만명이 넘는 베이비붐세대들에겐 경기도라는 큰 공간은 희망의 명소가 되기에 충분하다. 대형 정원과 높은 서울과의 접근도가 큰 매력이다. 도시 및 전원생활, 두 가지를 겸비하여 강력한 자연의 힘을 십분활용 할 수 있기 때문이다. 물과 인간과의 공존할 수 있는 최적의, 최고의 입지여건을 조성할 수 있다. 인구밀도가 낮은 곳에 입성하여 풍부한 자연의 원자를 맘껏 힘껏 활용할 수 있으리라 본다. 경기도 전원주택은 실수요가치와 투자가치가 높다는 데 이견이 있을 수 없다. 서울특별시와의 접근도가 높기 때문에 가능한 시나리오. 대신 지방의 전원주택은 실수요만이 희망. 투자가치는 양념수준. 실수요 위주로 매수하는 게 낫다고 본다. 접근성 면에서 상대적으로 경기지역세력 대비 낮기 때문이다. 현장감이 낮아 환경적응기간에 기약 없다. 귀경인구는 지방 전원생활자에서 목격되는 게 사실. 현실이다.

필자가 볼 땐 전원주택 투자로 각광 받을 만한 경기지역 전원주택 투자처는 그리 많지 않아 보인다. 투자가치 높은 전원주택은 접근도의 성적과 환경이라는 두 가지 모토를 반드시 견지하지 않으면 안 되기 때문이다. 대표적인 곳은 양평과 가평, 광주, 남양주, 여주와 이천 일대로 점철된다.

양평의 대자연의 입지여건은 최고! 도내 면적이 1위다. 산림이 풍부하다(73%이상). 서울특별시의 1.5배에 달하는 넓이를 가지고 있는 물이 풍족한 대형 힐링공간이다. 인구는 112,880명(2016. 12)인데 이는 돈 많은 사람들이 양평에 세컨드하우스를 많이 보유하고 있기 때문인 것으로 추정할 수 있다. 65세 이상 인구는 전체인구에 20%. 농가비율 역시 20% 수준이다. 재정자립도와 재정자주도는 각기 22.4%와 65.8%. 물의 도시지만 사업체 수가 무려 7,000개가 넘는다. 종사자 역시 25,000명을 육박한다. 잠재력이 큰 곳이 양평이다. 이런 곳에서 전원생활을 하는 건 행운 중 큰 행운.

지역특성 – 중앙선 전철연장 및 주말 급행전철운행. 그리고 노인복지시설 활성화는 군이 실현하는 강한 공약 중 하나. 양평 에코힐링센터건립도 군에서 강행할 사업 중 하나다. 6차 산업활성화 및 힐링문화단지조성도 진행한다. 수서~용문선(연장44km)복선전철사업은 오는 2020년 마무리 하여 근접도를 높인다. 양평~이천고속도로사업은 연장 22km사업으로 2018년 마무리한다. 화도~양평고속도로사업(18km)은 남양주 화도읍과 양평군 옥천면을 연장하는 사업으로 역시 오는 2020년 마무리할 예정. 가평 면적은 도내 2위로 인구밀도가 낮아 충분히 만족도 높은 전원생활을 할 수 있을 것이다. 양평보다 더 유리할 수도 있다. 전원주택 투자자를 모집하는 업체가 증가하는 추세. 수익형부동산으로 움직이라는 광고가 많으나 주의할 점도 무시하면 안 되겠다. 수요가 많은 편.

광주의 특징 – 인구 342,651명으로 매달 꾸준히 소폭 증가하고 있다. 양평 옆에 있으므로 산림자원 역시 풍부하다(70%육박). 경강선 곤지암역 앞에 양평 가는 버스가 다양하다. 양평과의 접근도를 높인다. 양평과 비교해 교육시설이 풍부하여 젊은세력들 접근이 수월하다. 관내 대학이 4개다. 기업체도 6,000여개로 고용창출의 효과도 노릴 수 있는 곳이 광주다. 다만, 대기업 수가 적다는 게 약점(대기업8 중소기업55).

남양주의 특징 – 인력이 풍부한 잠재력 높은 물의 도시. 접근성 높은 교통시설이 풍부한 곳. 인구는 662,582명으로 여성인구가 더 많아 장수도시로서 면모를 과시하고 있다. 그린벨트가 40%를 차지하여 자연 속 도시생활을 할 수 있는 여건이 갖춰진 곳. 물의 도시답게 상수원특별대책지역이 42%이다. 다만, 군사시설보호구역은 10% 내외.

지역특성 – 지방과 서울을 연결하는 동북부 교통의 관문. 경춘선과 경의중앙선, 서울춘천고속도로, 서울외곽순환고속도로, 서울덕소간 한강북단도로가 관통하여 서울과의 접근도를 높인다. 개발 잠재력이 풍부한 곳으로 규제와 개발욕구의 상충지역이지만 도농행정이 공존할 만한 인구유입이 수월한 구조를 가진 곳이기도 하다. 젊은 에코세대들에게 전원생활이 적정한 곳이다.

여주 및 이천의 지역특성 – 여주~원주(22km)간 전철이 오는 2023년 완성된다. 강원도 원주시 학성동과 여주시 교동이 수혜지역. 이천 부발~충주~문경단선철도사업은 2021년 마무리된다. 96km로 여주시 교동과 문경시 문경읍이 그 수혜지역이다.

이천인구는 217,358명으로 인구규모는 경기도의 1.7%다. 총 면적은 경기도의 4.5%. 전원공간으로 제격이다. 경강선이 개통되면서 전원생활을 원하는 자가 증가세다. 이천 기업체는 총 993개로 종사자만 38,485명이다. 대기업이 무려 19개로 종사자만 20,031명으로 전체인구 대비 희망적인 수치다. 중소기업은 964개로 20,000명 정도가 고용활동 중이다. 이들 수치는 에코세대가 전원 및 도시생활을 함께 할 수 있는 좋은 여건일 터. 직주근접형 부동산이 급증할 것으로 예상되는 대목.

전원주택(경기지역) 가치 높아진다

외려 중대형아파트보다 경기지역의 중소형 전원주택 투자가치가 더 높을 수 있다. 거품가격과 미분양 온상이 대형아파트 아닌가. 중대형아파트에서 미분양 및 악성미분양아파트가 속출하는 것이다. 전원주택 사정은 어떤가. 전원주택가치는 자연의 이치를 따른다. 정비례한다. 물론 거품에 크게 노출될 수도 있어 주의하지 않으면 안 된다. 자연이라는, 물과 산이라는 조망권이 강력한 프리미엄으로 작용할 수도 있기 때문이다. 자연의 이치를 제대로 인지한 자는 현명한 자. 경기지역의 중소형 전원주택의 가치를 선택하는 건 역세권 소형아파트를 선택하는 것과 같다. 가치가 높기 때문이다. 희소가치와 잠재가치가 높다. 수요자가 급증한다. 공급량 대비 수요자가 급증세라 인기가 고공행진을 하고 있다. 에코세대, 베이비부머, 노인들에게 인기 있는 집은 아파트보단 전원주택이다. 노인에겐 힐링공간으로 활용할 수 있고 에코세대에겐 미리미리 미래를 대비할 수 있기 때문. 도시생활과 전원생활을 함께 영위할 수 있는 모토 마련을 서울과의 접근성이 높은 경기지역에서 하는 것!! 도시생활과 전원생활이 가능하다는 건 실수요 및 투자가치 모두를 함께 조율할 수 있다는 것이다. 환금성과 수익성이 높아 중대형아파트보다 실용적일 수 있어 안정적이다.

'바른 귀농을 위한 방안+대안' 은 무엇인가.

인간의 고향, 즉 태어나는 곳은 하나. 엄마의 자궁이 바로 그곳이다. 태어나는 곳은 구체적이나, 죽어야 할 곳은 구체적이지 않다. 태어날 곳은 예측 가능하나, 죽을 곳은 정해진 바 없어 예측불허다. 언제 어느 때 급사할 지, 저 세상 떠날 지 그 사안을 정밀히 관측할 수 없다. 삶의 예약절차가 있으나 죽음의 예약절차는 없는 법. 인간은 죽을 때가 되면 따뜻해 보일 것만 같은 고향 품으로 회귀하려는 욕망이, 본능이 분출되어 그 모형을 도통 감출길 없을 것이다. 나이 먹는다는 증거다. 늙었다는 증거일 것이다. 그러나 고향은 이미 변했다. 안위하기엔 실망감이 큰 공간이다. 기대에 훨씬 미치지 못한다. 고향의 도시화 물결이 거칠다. 거세다. 거의 수용이 불가능하다. 시골사람이 도시사람 버금갈 정도로 변했다. 환경오염 탓일까. 정신 오염도도 높다. 무섭다. 순진한 사람이 급격히 감소해서다. 귀농귀촌을 고향으로 선택하는 자가 많다. 환상과 상상보단 안전성을 선택한다. 안전성 위주의 선택인 법. 성공률이 높지 않다는 뉴스가 다반사. 고향에서의 제2의 인생을 산다는 것은 꿈과 비슷한 지경. 역시 도시생활처럼 만만치 않다. 서울인구 1000만 시대가 종식된 지 이미 오래. '말은 제주로, 사람은 서울로' 라는 모토가 전격 바뀌었다. 자신의 고향으로 가는 지름길이 바른 귀농길이다. 자영업자와 부동산업자가 다양한 시대. 은

퇴인구 증가현상과 무관치 않다. 전원시대이기 때문이다. 부동산 물건이 선물이 될 수 있을까. 포장지에 투자하는 돈이 만만치 않다. 배보다 배꼽이 더 크기 때문이다. 귀농 포장에 주의해야 한다.

국토균형발전은 불가능하다. 인구분포가 적재적소에 잘 배치되지 않으면 안 된다. 고향에서의 귀농귀촌생활을 영위하려는 욕망을 감히 누가 막으랴. 고향사람들보다 외지사람들이 더 많이 몰려 있는 경우도 다반사(예-고향의 고령화). 고향의 발전, 개발이 그 원인. 변색되어 있을 고향의 성격을 재조명할 필요 있다. 도시가 변하면 시골도 변한다. 부동산의 특징 중 하나인 연계 및 인접성의 강력함 때문이다.